JN409408

山 안에 내가
내 안에 산이

도서
출판 국보

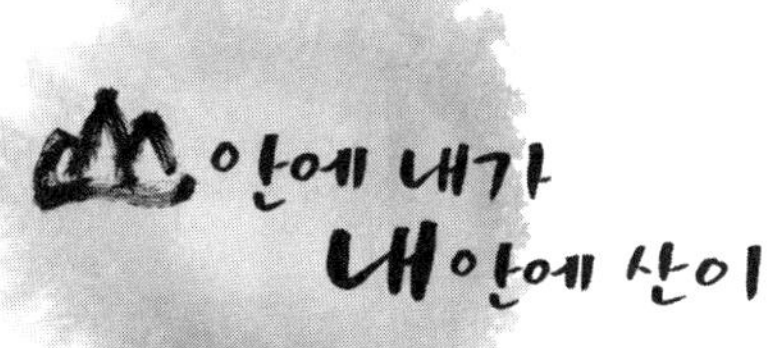

사랑하는

____________________님께 드립니다.

‖ 작가의 말 ‖

어릴 때부터 산 밑에 살았던 덕이었을까?

나는 지금도 산을 좋아하고 내 삶도 산을 닮아가기를 원한다.

내가 문학을 한답시고 감히 문단에 얼씬거렸던 것도 따지고 보면 산이 그 매개체가 되었던 것이 사실이다. 내게 있어서 산은 그만큼 문학적 자양분이 되기에 충분하였으며 어느 사이 내 삶에 가까이 다가와 있었다.

그동안 수많은 산들을 오르내리면서 느낀 소회들을 삶의 여정과 연결시켜 담아내려는 욕심으로 순간순간 부지런히 습작노트에 메모해 두었었다.

하지만 그것을 막상 출판이라는 이름으로 꺼내 보일 생각을 하니 마치 설익은 과일을 손님께 내놓는 심정 같아서 부끄럽기도 하고 두렵기도 하였다.

그때그때 생각나는 대로 끼적이는 습작은 나만의 지극히 사적인 공간에서 누구도 의식하지 않고 마음 편히 써왔던 내 나름의 작품에 불과하였지만 출판의 경우에는 분명히 달랐다.

"출판"(Publication)은 "Public"이라는 엄연히 공적인 뜻을 내포하고 있어 나 아닌 다른 사람들을 의식해야 하는 것이기 때문에 문학수업이라고는 별로 받아본 기억이 없는 내가 감히 이런 결단을 내리기까지는 실로 많은 용기를 필요로 하지 않을 수 없었다.

글을 쓰다 막히거나 완성돼가는 문장에 꼭 들어가야 할 단어가 떠오르지 않을 땐 내 기억의 창고에 있는 어휘의 빈곤을 절감해야만 했으며 그럴 땐 시집을 뒤적이며 단어 하나를 슬쩍 차용해 오기도 하였다. 시집은 역시 아름다운 언어의 보고(寶庫)였다. 시를 읽으면 막힌 말꼬가 거짓말처럼 풀리기도 했지만 책을 내는 일은 역시 지난(至難)한 일이었다.

그러나 "첫술에 배부르랴." 라는 말이 있듯이 여러분들의 따끔한 질책을 감수하고서라도 새로운 시작이라는 자세로, 배움의 자세로 책을 펴내는 일에 발을 들여놓고 말았다.

하찮은 삶이지만 내 삶을 영위해오는 동안 어려운 장벽이 나타날 때마다 어김없이 찾았던 딱 한 분, 지난 봄 햇살이 투명하게 빛나고 봄볕이 펑펑 쏟다지던 날, 맑은 영혼을 간직한 채로 하늘로 돌아가신 내 어머님께 용기를 달라는 한마디와 함께 이 책을 보내드린다.

2011년 가을, 모락산 기슭에서

‖ 축사 ‖

임판섭 국장의 소탈한 웃음과 말투, 처음 만났을 때부터 '참 편하다' 라는 느낌을 가졌던 사람이다.

그의 말투와 표정을 지켜보면서 인생여정이 뭐 그리 순탄하기만 하였을까마는 그는 항상 편안한 삶을 살아온 사람 같아 옆에 있으면 위안이 되곤 한다.

이 책을 읽고 보니 그가 오랜 시간 걸어온 백두대간의 산행이 그를 그렇게도 인간적으로 만들어 온 것임을 깨닫게 되고 그가 지닌 창의와 열정의 원동력이 무엇이었는지를 알 수 있을 것 같다.

구슬땀을 흘리며 터질듯 한 가슴으로 산을 오르다 보면, 우리는 오로지 정상에 올라 느끼게 될 성취감과 심신단련의 만족감만을 생각하기 쉽다.

그래서 앞으로 얼마나 남았는지 닿을 듯 멀기 만한 정상을 향해 조바심치며 고통스러운 전진을 계속하곤 한다.

그러나 그는 "산길을 걸을 땐 끝이 없다고 생각하며 걷는 것이 편하다"라고 말한다. 인생의 종착은 죽음이리라, 성취란 또 다른 시작에 지나지 않는다는 사실을 이 말을 통해 새삼 깨닫게 된다.

걸어온 인생을 되돌아보고 반성하며 숨 가쁜 인생여정의 휴식을 가지는 것, 이 책이 그에겐 그런 의미이리라 생각한다.

자연을 통해 인생을 배우고 산을 통해 자신을 성찰하는 것은 소위 "달인"이라고 말하는 경지에 이른 사람만이 가질 수 있는 흔치 않은 경험이고 능력일 것이다.

그가 말한 만물의 "울림" 즉, "숲과 풀과 꽃들의 작은 움직임과 떨림, 바람이 숲을 만나는 소리, 조각구름의 흐름, 새들의 날갯짓 같은 작은 울림들을 몸으로 느끼고 만나며 소통"하는 것은 소위 '산을 안다' 하는 지경을 넘어 산과 일체(一體)되는 그야말로 달인의 경지라는 표현 밖에는 떠오르지 않는다.

그가 만났던 산의 울림들이 이 책을 통해 많은 사람들에게
전달되기를 바란다.
"산 안에 내가, 내 안에 산이" 라는 책의 제목처럼 산과 인생 앞에서 배운 겸손함으로 이 책을 통해 새롭게 펼친 그의 도전이 충만한 결실을 맺게 되길 바란다.

동작구청장 문 충 실

‖ 추천사 ‖

사람이 일생동안 한 가지 일만을 제대로 하고 가기도 힘든 세상에 세 분야를 두루 통달하기란 그리 쉬운 법이 아닌데 그는 이번 저서에서 그런 염려를 말끔히 불식시켜주고 있다.

다시 이야기를 하자면 작가는 모범적인 공직 생활, 시인, 에세이스트라는 직분을 나름대로 소화하고 실천하며 살아오신 무척 성실하고 자기 성찰력이 강한 분으로 평가 받아도 손색이 없지 않나 싶다.

그리고 그는 책속에서 스스로 "내 고향의 정겨운 모습을 떠올릴 때는 분명 시적일지 모르지만 우리가 힘겹게 살아온 지난날은 다분히 소설적(산문적)일 수밖에 없을 것이다"라고 쓰고 있을 만큼 이미 생명의 실존적인 양면성 즉 꿈과 현실을 투철하게 인식하고 실천하며 살아왔고 또 살고 있다고 해야 할 것이다.

그런 측면에서 보면 이번 산문집 역시 크게는 두 가지 특징을 지니고 있으며 그가 어디에서 나서 어떻게 살아왔는가하는 과거와 어떻게 살아야 할 것이냐 하는 미래지향적인 삶을 동시에 볼 수 있도록 편집 구성되어 있는 셈이다.

우선 그 첫 번째 특징으로는 회귀본능이다.

누구를 막론하고 일반적으로 인생을 살만큼 살다보면 잠시 걸음을 멈추고 한 번쯤 뒤를 돌아보듯이 그 역시 그가 태어난 “전남 장성군 삼서면 유평리 유정”이라는 기억속의 고향 마을을 배경으로 모든 이야기들이 동화처럼 펼치어 보여준다.

『뒷마당의 감나무』『참새사냥』『공동묘지』 등등.. 요즘 젊은이들에게는 전혀 실감이 나지 않을지 모르나 나이가 들 만큼 든 사람들에게는 문득 생각만 해도 한동안 가슴이 따뜻해지고 그러면서도 쓸쓸한 유년의 이야기들 결국 그와 함께 무덤까지 가야할 사연들이다.

더구나 표현 언어가 시적 산문 즉 산문시라고 해도 좋을 정도로 묘사력이 뛰어나고 눈에 잡힐 듯한 감각적인 문장을 만날 수 있어 우리들의 눈길을 오랫동안 붙잡고 놓지 않게 만든다.

그리고 두 번째 특징으로는 산을 통하여 미래지향적인 인식과 성찰 또는 뛰어난 사색의 결정을 보여주고 있다는 것이다.

말을 하자면 "산길을 발로 걷지 않고 마음으로 걸으면 자신이 느끼고 이 세상에 존재하는 것들은 모두 온전하게 느끼는 것이다" 또는 " 때로는 거친 길이 아름답다" "낮은 것이 높은 것" "누구를 그리워한다는 것이 이처럼 행복한 일인지 미처 몰랐다." 라는 등등...

여러 문장 속 여기저기에서 감칠맛 나는 아이러니와 역설로 생의 이면을 밝혀주는 현자의 지혜를 등불처럼 보여주기도 한다는 뜻이다. 흔히 정복의 의미가 있는 등산을 하는 것이 아니고 그는 이미 동양적인 입산의 경지로 산과 하나가 되어 살아가고 있는 아주 교훈적인 분임을 보여주고 있다고 해야 하리라.

그러니까 결국 그는 이번 저서에서 자신의 지난 과거와 내일의 남은 미래를 동시에 보여줌 으로 해서 우리들 모두에게 모범적인 공직생활, 시인, 에세이스트로서의 삶의 조화와 균형이 어떤 것인가를 몸소 행동(저서)으로 증명한 셈이다.

그를 아는 모든 분들과 미지의 독자들에게 일독을 권한다.

시인. 한국문인협회 시 분과회장 김 용 오

‖ 추천사 ‖

등산을 운동이나 도전으로 보지 않고 '삶의 동반자'라고 말하는 현직 공무원이자 문인인 임판섭 작가가 쓴 산과 인생에 대한 보석 같은 글이다.

작가는 삶의 여정을 통해 깨달은 인생의 철학과, 자연을 관조하며 심미안으로 바라본 산에 대한 감상을 소박한 문장으로 담아내고 있다. 현대인의 숨 가쁜 생활 속에서 마음을 정돈시켜주고 잊혀진 옛 정취를 뒤돌아 볼 수 있게 해주는 책이다.

『山안에 내가, 내안에 산이』 저자 임판섭작가는 지난 2010년 월간 국보문학 시 · 수필부문에서 신인상을 수상하며 현직 공무원으로서 문인에 등단해 화제가 되었으며, 특히 당시 기초생활수급자 등 소외계층 돌봄을 총괄하는 직위에 있으면서 힘들게 살아가는 이웃들에게 희망과 꿈을 심어주려는 노력들이 시풍에 자연스럽게 녹아내려져 있다는 평론가로부터의 호평도 함께 받았다.

임판섭 작가는 산에 오르며 느끼는 많은 소소한 경험을 빠뜨리지 않고 습작을 통해 기록해 두어 자신의 살아온 인생과 비유하며 깊은 성찰을 갖고, 자연이 인간에게 주는 안락과 평온함을 감성적으로 표현하고 있다.

최근 법정스님이 많은 사람의 가슴을 울려준 『아름다운 마무리』에서 "책 읽는 즐거움이 없었다면 무슨 재미로 살았을까" 라며, "책을 읽으면서 눈이 열리고 귀가 트인다고 했다." 또한 좋은 책을 읽으면 그 좋은 책의 내용이 나 자신의 삶으로 이어져야 한다고 했다.

이 『山안에 내가, 내안에 산이』는 자연이 인간에게 쓴 한 통의 안부편지가 아닌가 하는 생각이 들 정도로 서정적이고 사색적이다. 삶이 무기력하고 무언가 허전하다고 느낄 때 이 책 한 권을 들고 가까운 숲이나 산에 오른다면 그동안 잊고 있었던, 혹은 무심하게 놓치고 있었던 자연이 주는 무언의 선물을 양 손 가득히 가지고 내려오게 될 것이다.

숭실대학교 총장 김 대 근

山안에 내가 내안에 산이

Contents

01

유년으로의 시간여행

Contents

02

모성의 바다

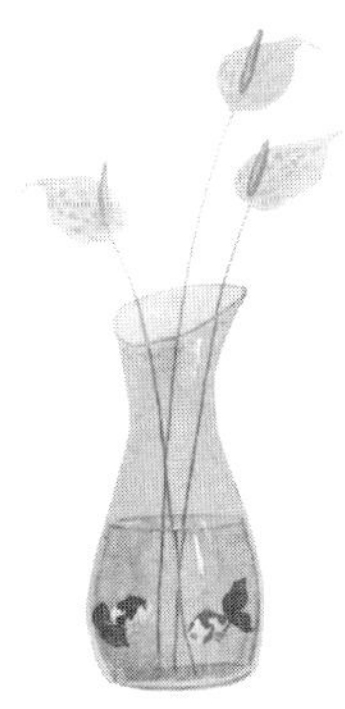

Contents

03

산 안에 내가 내 안에 산이

Contents

04

소소한 단상(斷想)

01

유년으로의 시간여행

추 억(追 憶)

조각난 추억들일지라도
어쩌다 한번 뇌리를 스칠 때는
아직도 혼자라는 생각에
하던 일을 멈추고
한 동안 눈물을 흘립니다.

나이가 들수록
희미하게 보이는 풍경 앞에는
내 친구가 돼주었던
그 별마저도 보이지 않고
싸늘한 바람만이
나와 함께 하기를 바랍니다.

그때, 그 별이 보고 싶습니다.
그 별을 따라 멀리 떠나고 싶습니다.
그 별나라에는 아직도 어린왕자가
살고 있을 것만 같습니다.

지금 이렇게 흘리는 눈물은
그때를 그리워하는 몸부림입니다.
그때의 즐거웠던 추억의 회상입니다.

기대, 설렘, 환호, 두려움, 공포.
그 모든 추억들을 가슴 한 쪽에 간직하고 있기에
아직도 맑은 눈물을 흘릴 수 있는 내 영혼은
여전히 추억 속에서만 살아가고 있나 봅니다.

나와 교감 했던 나무들

뒷 마당의 감나무

나 어릴 적 뒷마당에 있는 감나무, 당시만 해도 그 나무는 늘 풋풋함을 간직한 채 우리 집의 수호신이라도 되는 양 당당하게 서 있었다. 내 작은 키에 비해 나무가 얼마나 컸던지 나무의 끝을 올려다보면 마치 파란 하늘과 맞닿은 것처럼 느껴지곤 했었다.

한해에 감이 몽땅 열리면 다음 해에는 아예 열리지 않거나 조금만 열리는 이른바 해갈이도 그 감나무에겐 남의 얘기가 되곤 했었다. 초록의 열매가 빨간 무늬로 변해갈 즈음엔 꼭 한 두 차례 크고 작은 태풍이 지나갔다. 태풍이 지나간 자리에는 어김없이 아직 설익은 감들이 무수히 떨어지고 우린 그 감들을 주워서 쌀뜨물에 넣어두었다가 며칠 지나서 건져먹게 되는데 그렇게 우려먹는 감 맛이란 제아무리 떫은 땡감이라도 단감 못지않게 달고 맛있는 법이다.

드디어 감나무에게도 가을이 왔다. 감잎들은 어느 새 빨갛고 노란 무늬의 옷으로 예쁘게 갈아입고 주저리주저리 열린 그 많은 감들도 무엇이 그리 부끄러웠던지 같은 색깔의 나뭇잎 뒤에 살짝 숨어 있다가 나뭇잎이 땅으로 떨어지게 되면 그의 정체가 적나라하게 드러나게 된다.

할아버지께서는 긴 간대를 이용해서 행여 감에 상처라도 입을세라 온갖 정성을 드려 감을 따서 곶감을 만드시고 나는 할아버지께서 까치밥으로 남겨놓은 감들이 홍시가 되기를 기다렸다가 조심조심 감나무 위로 올라가 탐스럽고 빨간 홍시를 따다 먹곤 하였다.

그렇게 유서 깊은 감나무도 세월의 무게 앞엔 어쩔 수 없었던지 지금은 완전히 고목이 되어 버리고 동족번식의 본능이었는지 그나마 다행히 고목 한가운데서 예쁜 순 하나가 올라와 그 명맥을 유지하고 있었다.

생전에 어머니 말씀에 의하면, 이 감나무는 증조부의 조부가 살아계실 때도 내 어릴 적의 감나무 모습하고 크기가 같았다고 하니 도대체 저 감나무의 수령은 얼마쯤이나 되는 것일까?

필시 저 감나무는 할아버지의 할아버지, 아니 그 훨씬 이전부터 바람과 흙, 그리고 물과 함께 해왔을 것이다. 그러면서 자신과 교감한 사람들의 희망과 절망, 환희와 고통을 온 몸으로 형상화해 놓았을 것이다.

할아버지가 돌아가시고 그로부터 수십 년이 지난 오늘, 나는 문득 어릴 적 할아버지를 따라 감 바구니를 들고 목이 많이 아프실 것 같았는데도 별로 쉬지도 않으시고 감을 따시던 할아버지의 모습을 떠올려보았다. 그리고 이제는 고목나무가 돼버린 그 감나무 밑에서 무심히 흘러가버린 세월을 탄식하며 서성거렸다.

저 감나무는 할아버지의 할아버지, 아니 그 훨씬 이전부터 바람과 흙, 그리고 물과 함께 해왔을 것이다. 그러면서 자신과 교감한 사람들의 희망과 절망, 환희와 고통을 온 몸으로 형상화해 놓았을 것이다.

내가 심은 은행나무

중학교 때로 기억된다. 어느 해 식목일, 학교에서 조그만 은행나무 한 그루를 구해왔다. 그리고 그 나무를 우리 집 뒷마당 대나무 밭 울타리 근처에 정성스럽게 심었다. 그 나무는 무럭무럭 자라났다. 군에 입대하여 3년 복무를 마친 다음 곧바로 사회에 첫발을 들여 놓았지만 어느 때이고 고향땅에 가게 되면 곱고도 탐스럽게 자라나는 은행나무를 보는 재미가 쏠쏠했다.

은행나무가 성장하듯이 나 또한 무럭무럭 자라났다. 차이가 있다면 은행나무는 기름 진 땅에서 호강스럽게 자라났지만, 나는 척박한 땅에서 홀로서기를 통해 잡초처럼 어렵게, 어렵게 하찮은 생을 유지하며 성장했다. 하지만 언제나 은행나무를 생각하며 원대한 꿈을 꾸고 그 꿈을 한시도 접어 본 적이 없었다.

무수히 세월이 흐르고 또 흘렀다. 내 나이도 이젠 완숙한 장년기를 맞게 되었다. 아직은 팔팔한 편이지만 언제 노년기에 접어들지 모른다는 생각에 의식적으로라도 주위를 자주 둘러보기로 하였다. 다시 말해 헝클어진 내 주변을 하나하나 정리해 나갈 때가 됐다는 생각이 들었다.

추석 전 주 토요일, 조상님들의 산소에 벌초를 하고 묘제를 지내기 위해 강하게 내리는 빗속을 달려 고향 땅에 갔었다. 워낙 많은 비가 내려 벌초는 엄두도 못 내고 묘제 또한, 산소 대신 어느 친척 집에서 산소 방향을 향해 경건한 마음으로 제를 올렸다.

그리고 짬을 내어 수십 년 전에 심었던 은행나무와 뒷마당에 있는 감나무를 둘러보았다. 아직도 은행나무는 하늘 높은 줄 모르고 올라만 가고 있었다. 물론 옆으로도 뻗어 나가고 있었다. 뿐만 아니었다. 그 높은 크기와 육중한 무게에서 탄생한 은행알들이 주저리주저리 열려있는 것이었다. 가을은 결실의 계절이 확실했다. 하지만, 결실의 성패를 가르는 일은 역시 사람의 몫이었다.

이제 얼마 안 있으면 저 은행나무는 한 마리 까치의 푸드덕거림에도 노란 잎 새가 곱게 내려앉을 것이다. 그리고 사람의 손길이 미처 닿지 못한 은행알들은 노랗게 물든 은행잎들을 바람에 흩날려 보내고 쓸쓸히 남아 있다가 그대로 맥없이 땅위로 떨어져 버릴 것이다. 어쨌든 사람의 특별한 돌봄도 없이 건강하게 자라 준 은행나무가 대견스러워 보였다. 고마웠다. 아낌없는 찬사를 보내고 싶었다.

"1년을 위해서는 꽃씨를 뿌리고, 10년을 위해서는 나무를 심고, 100년을 위해서는 교육을 심어라." 라는 말이 있다.

나의 분신과도 같이 잘도 자라 준 저 자랑스러운 은행나무를 보는 순간 나무는 10년을 위해서가 아니라 100년, 아니 그보다 훨씬 장구한 세월을 위해서도 반듯이 심어야 할 것만 같다는 생각이 들었다.

문득 그리움이 움트면 그것을 가슴 속 깊은
곳에 은밀히 간직해두고 하나의 씨앗이 되게 하라.
그 씨앗이 당신 마음의 토양에서 싹트게 하여
마침내 커다란 나무로 자라도록 하라.

앞으로도 이 나무는 나의 생의 여정을 깊이 관찰할 것이다. 그리고 내가 이 세상을 떠난 이후에도 이 나무는 오래오래 살아 숨 쉬고 있을 것이다. 자신을 이 땅에 뿌리내리게 해준 사람을 생각하며.

참새 사냥

그 찬란했던 철쭉꽃들이 하나 둘 맥없이 떨어져나가는 것을 보고서야 자연이 가져다 준 계절은 분명 늦봄이라 말할 수 있었지만, 종잡을 수 없을 만큼 마음이 심하게 흔들리며 사계절을 넘나들고 있는 내 인생의 계절은 딱히 뭐라 말할 수 없이 황량하기만 하다.

이렇게 혼자서는 감당하기 어려운 공허의 전율이 가슴을 파고들 때면 어김없이 젊을 적 고향하늘을 떠올리며 평화로운 마음으로 추억의 그 순간을 거닐게 되지만 살아가면서 아마 이 순간만큼 행복한 적도 별로 없을 것이다.

오곡백과가 모두 풍성한 수확을 거둬줬으면 더할 나위 없이 마음들이 흡족할 테지만 그러나 그것이 가령 만족할만한 수준의 수확이 이뤄지지 못했다고 하더라도 집 한쪽 감나무 끝엔 나무 끝을 나르는 까치들을 위해 예외 없이 홍시하나 남겨둘 줄 아는 여유가 있는 곳이 바로 농촌이다.

이렇듯 농촌은 입동 무렵까지 눈코 뜰 새 없이 분주했던 가을걷이가 끝나면서 비로소 바쁜 일손을 털고 한숨을 돌리게 되지만, 겨울이라고 해서 마냥 노는 농한기라고 생각한다면 큰 오산이다. 어쩌면 어른들에겐 오히려 길고도 고통스러운 겨울이 될 수도 있다.

비록 농한기라고는 하지만 쉼 없이 새끼를 꼬거나 가마니를 짜는 등 다음해의 농사준비를 하나하나 해둬야 하기 때문에 여전히 바쁘고 또한 그동안 뼈 빠지게 해온 농사일로 골병든 몸을 치료하기 위하여 읍내 약방에서 타온 약봉지를 늘 붙들고 다니기가 일쑤였었다.

그러나 철없는 아이들이야 어디 그런가? 틈만 나면 이곳저곳으로 쏘다니며 놀기 바빴던 계절이 바로 겨울이다.

아마 어느 해 초겨울 밤이었을 것이다. 기와집이라고는 눈을 씻고 봐야 한두 채 보일까, 초가집이 대부분이었던 시절, 바로 이 초가집의 처마 밑이 겨울철 참새들에게는 추위를 피하여 밤잠을 잘 수 있는 천혜의 보금자리가 됐던 곳이다.

동네아이들 네 명이서 의기투합하여 참새사냥에 나섰다.

임무가 부여되었다. 한사람은 참새가 숨어있을 곳으로 추정되는 처마 밑구멍을 찾아 손전등을 밝게 비춰주는 일, 두 사람은 사다리가 흔들리지 않게 붙들어주는 일, 그리고 나는 사다리를 올라타고 처마 밑구멍으로 손을 쑤셔 넣어 어둠 속에서 갑작스런 빛 때문에 눈이 부셔 미처 날아가지 못하고 눈을 꼭 감고 앉아있는 참새를 잡아내는 일이다.

드디어 거사가 시작되었다. 그동안에 열심히 갈고 닦은 솜씨로 두어 집을 수색한 끝에 서너 마리의 참새를 포획하는 혁혁한 전과를 올리고 두어 마리만 더 잡을 심산으로 마지막 한 집을 더듬게 되었다. 나는 의기양양하게 사다리에 올라타 처마 안 구멍으로 손을 푹 쑤셔 넣었다.

바로 그 순간이었다. 당연히 내 손에는 작지만 탐스러운 참새가 쥐어져 있어야 했었다. 하지만, 유감스럽게도 내가 만진 것은 참새가 아니고 생각만 해도 소름이 끼쳐지는 한 마리의 구렁이었다.

세상에 어떻게 이런 일이 일어날 수 있단 말인가?

으악!

비명소리와 함께 나는 그만 사다리 위에서 보기 좋게 뒤로 나자빠지고 말았다.

다행히 내가 떨어진 곳은 잘 정돈되어 쌓여있는 볏짚 위였기에 큰 부상을 면할 수 있었다. 더욱 다행인 것은 내 손에 잡힌 구렁이는 독사와는 달리 독이 없어 치명적인 피해가 없다는 것이었다. 그런 끔찍한 일이 있고 난 후 내게 있어서 참새 사냥은 영원히 다른 나라 어린이들의 동화책 속에서나 나옴직한 이야기가 되고 말았다.

저수지 이야기

하루하루 일상의 고달픈 일에 파묻혀 허둥대며 살아가는 와중에도 간간이 낯익은 고향의 정경(情景)을 떠올리는 순간은 하루 중에서 가장 즐거운 시간으로 자리 잡고 있다.

어쩌다가 명절 때나 되어야 찾아 나서는 한적한 고향.

자치기, 연날리기, 땅따먹기, 술래잡기 등 유년 적 추억은 고스란히 남아있지만 지금 다시 재연(再演)하기엔 어느 새, 희끗희끗 들어버린 나이가 밉기만 하다.

논과 밭, 들과 내(川), 산과 저수지. 어느 것 하나 그 무엇과도 바꿀 수 없는 소중한 나만의 낙원이었다.

오늘은 그중 저수지에 관한 음산한 추억의 얘기 한 토막을 꺼내볼까 한다.

내 고향 모퉁이엔 산과 산이 병풍처럼 이어져 있었다.

어른들은 배고픔의 대물림을 극복하는 것이 소원이었고 그러기 위해서는 풍족한 물이 끊임없이 출렁이는 저수지가 꼭 필요했을 것이다.

하늘만 쳐다보고 비가 내려주길 기다리는 고질적인 천수답을 옥토로 만들기 위해서는 말이다. 하루하루 먹고 사는 것 자체가 힘들고 어려웠던 사람들은 정부양곡을 받는 대가로 많은 노동력을 쏟아 부어야 했다.

드디어 산과 산 사이에 둑이 막아지면서 하나의 저수지가 완성되었다. 이렇게 해서 축조된 저수지는 척박했던 천수답을 옥토로 바꿔놓고 말았으며 덕분에 사람들의 삶도 제법 풍요로워졌다. 뿐만 아니다. 아이들에게도 맘껏 뛰놀 수 있는 둑과 훌륭한 놀이터가 새로 생겨났다.

그리고 3년여의 세월이 흐르면서 저수지에서는 실로 이상한 일이 생기기 시작했다. 오랜 병마에 시달려온 집안의 아주머니뻘 되시는 분이 식구들에 대한 죄스러움과 육신을 파고드는 고통을 끝내 견디지 못하고 이곳 저수지에서 자살이라는 극단적인 방법으로 삶을 마감하고 말았다.

어른들의 말씀처럼 억울하게 먼저 죽은 이의 원혼이 누군가를 초대했던 것일까?

그 뒤, 이곳 저수지에서는 가끔씩 귀중한 생명들이 맥없이 죽어갔다. 환한 저승길의 꽃 빛깔 앞에서는 누구나 정갈해지는 것인지 그들은 한 결 같이 하얀 고무신을 곱게 벗어두고 삶을 마감했다.

한 동안 뜸한 듯싶었던 죽음에 대한 두려움과 공포는 계속됐다. 얼마 전에는 또다시 나와 동갑내기인 한 친구가 그곳에서 생을 마감했다는 소리를 들어야 했다. 이승에서의 서러운 이유는 속속들이 잊고 어떻게 그토록 쉽게 삶을 마감했을까?

아, 참으로 알고도 모르겠다. 참으로 쉽고도 어렵다.

사람은 어디인지 모르는 곳에서 와 어디인지 알 수 없는 곳으로 떠나듯, 그 저수지를 생각하면서 저 세상의 비밀이 궁금하다는 생각만 하게 된다.

유년의 풍경들

고향마을

지금은 형태가 많이 바뀌어 내가 성장할 때의 그 마을이 아니지만 내 고향의 주소만큼은 변함없이 전남 장성군 삼서면 유평리 유정이다. 그곳에는 한반도 지형과 매우 흡사한 고샅길이 있었고 그 밑으로 청량하고 신선하기 이를 데 없는 시냇물이 흐르고 다시 그 뒤편으로는 옹기종기 집들이 모여 삶의 터전을 이루고 있었다.

봄이 오면 내 고향은 하루하루 푸르러진 초목들이 빚어내는 생의 찬가로 온통 풍요롭기만 했다. 고샅으로 나서면 노란 솜털을 사르르 날리며 삐약거리던 햇병아리의 종종걸음마를 보게 되고 고샅길 언덕에는 복사꽃이 뒷담아래에는 앵두꽃이 오밀조밀 피어나고, 길가 집 화단에는 어김없이 할미꽃이 소담스레 피어 있었다.

그러나 고향의 봄은 이것들만으로 한정지을 수는 없었다. 뒷산 발치에는 노란 물감을 뿌린 듯 산수유가 피어있고 분홍빛 꽃물결 찰랑이며 진달래꽃이 피어나고, 양지바른 쪽에서 봄볕을 쬐고 있는 병아리 떼처럼 귀엽게 모습을 보인 양지꽃이 있었다. 이처럼 고향의 봄꽃들은 부드러운 바람결 앞에 더는 어쩌지 못하고 활짝 드러내 보인 혼의 빛깔이었다.

또 내 유년의 여름밤은 밤하늘에 빛나는 별들을 헤아리는 것으로부터 시작된다. 긴 여름밤, 짚으로 새끼 날을 싸서 엮은 멍석 위에 드러누워 눈 위로 쏟아지는 별들을 수 없이 바라봤으며, 계절에 따라 달리 보이는 별자리도 추적해 보았고, 별자리에 얽힌 애절한 사연들을 하나하나 음미해 보기도 했었다. 자연의 섭리는 참으로 오묘했다. 그때나 지금이나 별자리는 하나도 변한 것이 없다. 변한 것은 사람뿐이다. 나도 그동안 많이 변했다.

그때는 초롱초롱 빛나는 별들을 바라보며 먼 훗날에 대하여 막연하지만 작은 소망을 담은 꿈을 꾸기도 했었다. 그 후 청년이 되어 바라보는 별빛은 마냥 푸르고 날카로웠으며, 50대 중반이 넘어 바라본 별빛은 은근히 붉은 빛을 띠고 부드럽게 느껴졌다. 어쩌면 내가 별을 바라보는 게 아니라 별이 나를 바라보는 것 같았다. 아, 마음속으로 꿈꾸던 유년시절의 꿈은 지금쯤 어느 하늘을 헤매고 있을까? 이 생각 저 생각을 하다 보니 눈물이 왈칵 쏟아질 것만 같았다.

어릴 적 고향마을에는 온 마을의 사람들이 공동으로 사용하는 마을우물이 있었다. 신비스럽게도 이 우물의 물은 여름에는 무더위를 한방에 날려버릴 만큼 맑고 찼으며, 겨울에는 온천수를 방불케 하리만큼 따뜻했다.

어디서 이런 신비스런 물이 나오는지 이 물은 아무리 오랜 가뭄이 계속되어도 절대 마르는 법이 없는 내 동네만의 자랑거리가 분명했다. 일부러라도 우물로 달려가 눈부신 초록 햇살을 받으면서 이 물을 한바가지 떠 마시면 순간 내 고향산천의 맑은 정기가 내 영혼과 몸에 스며드는 것만 같았다.

우물 바로 밑에는 빨래터가 있었다. 여름철 보다는 따뜻한 물이 나오는 겨울철에 빨래터는 북새통을 이루고 있었다. "누구네 집 작은아들은 전교에서 1등 했다더라, 누구네 집에서는 부부 싸움을 대판했다더라, 남편이 주먹질을 했다더라, 화가 난 마누라가 집을 나가려다가 애들 걱정이 돼서 마음을 바꾸어 먹었다더라," 등 간밤의 동네소식이 구수한 입담을 통해서 오가기도 했었다.

이제 가을 들녘으로 나가 보도록 하자. 따사로운 햇살아래 오곡백과가 무르 익어가는 황금 들녘엔 맑은 바람이 불어오고 청량한 기운이 감돌기 시작한다. 서리가 걷히기 전의 들판을 한번 거닐어 보라, 살갗에 와 닿던 찬이슬의 감촉은 짜릿하고 상쾌하기만 했다. 시냇물도 가을이 오면 드높게 게인 하늘을 닮아서인지 맑고 투명해지며 앞산 마루 소나무 가지 사이로 떠있는 달은 더없이 정겨운 얼굴이 된다.

유년 적 추억은 뭐니 뭐니 해도 눈을 빼놓고는 말을 할 수 없다. 그때는 왜 그렇게나 많은 눈이 내렸는지 눈에 갇혀 바깥출입을 못했던 적이 한 두 번이 아니었다. 어쩌다 눈이 내리지 않는 날에는 고샅길이 끝나는 맨 위에서 대나무를 깎아 불로 태워 발가락이 위치한 부분을 굽혀서 만든 스키를 타고 놀았으며, 논물을 얼려 만든 눈썰매장에서도 추운지 모르고 놀았었다. 어디 그뿐이랴. 추운 겨울바람 부는 마을 모서리의 나목들이 떨고 있는 언덕위에서 언 손을 비벼가며 연을 날리기도 했었다. 혹독하게 추운 날씨에도 연이 떠 있는 겨울은 솜옷처럼 따뜻했다. 어쩌다가 연줄이 끊겨 바람 속에 날아가 버리기라도 하면 나는 태어나 최초로 좌절의 쓴맛을 보기도 한다. 그것은 연이 아니라 어쩌면 미래를 향한 나의 꿈이었으며 비상의 의지였기 때문이다.

한 해가 저물어가고 설날이 가까워질 즈음에 내 어머니는 외양간 한쪽 구석에 나를 발가벗긴 채 쭈그리고 앉게 하고, 찬물을 한 솥 데워다가 더운물로 만들어 때가 덕지덕지 앉은 몸을 씻어 주기도 하셨다.

언제부터인가 마을에 공동전화가 생기고 식구들을 타지로 보낸 이들은 논이나 밭에서 마이크 소리가 들리면 하던 일을 멈추고 귀를 쫑긋 세우곤 했다.

또, 비가 온 뒤에 저수지로부터 흘러내리는 냇물은 처음에는 흙탕물이지만 얼마간의 시간이 지나면 맑은 물로 변한다. 이때를 놓칠세라 우리들은 멱을 감고 조그만 웅덩이의 물을 퍼내 고기를 잡았으며, 물이 빠져나간 냇가의 모래톱에서 보석처럼 박혀있는 예쁜 조약돌을 발견하면 금맥이라도 발견한 듯 기분이 좋기도 했었다.

학교에 다녀오면 책도 팽개치고 딱지치기, 구슬치기, 공기

놀이, 땅따먹기로 하루해가 다 지도록 놀다 땅거미가 내리고 앞이 안보일 정도로 캄캄해지면 "이제 그만 놀고 오너라!" 하시는 어머니의 낮은 목소리를 듣고서야 겨우 집으로 향하곤 했었다.

아, 내 유년의 땅은 전기조차 들어오지 않는 어둠의 땅이었다. 석유가 닳을까 무서워서 사기등잔의 심지를 낮추어 어둠을 쫓았으며, 재래식 아궁이에 군불을 지피다가 불이 내어 허연 연기가 피어오르면 제대로 힘 한번 써보지 못하고 무방비상태로 연기에 쏘여 서러운 눈물을 흘려야 했다.

이처럼 사철 내내 널려있는 자연은 온통 아이들의 놀이터였으며 우리를 둘러싼 자연 그 자체가 커다란 장난감이었다. 그러나 내 고향의 정겨운 모습을 떠올릴 때는 분명히 시(詩)적일지 모르지만 우리가 힘들게 살아온 지난날은 다분히 소설(小說)적일 수밖에 없을 것이다.

어릴 적 내가 제일 힘들었던 일은 내 방이 따로 없는 관계로 할아버지와 함께 한방에서 자는 일이었다. 할아버지는 유난히 담배를 많이 피우셨다. 연기 자욱한 할아버지 방에서 갇혀 사는 어린 나는 할아버지의 입에서 내뿜는 담배연기를 고스란히 마셔야 했으며 이를 알고계시는 어머니께서는 늘 안타까워하셨다. 나 역시 담배연기가 몹시 싫었다.

철부지 같은 소리일지 모르지만 이 모든 것이 나만의 방이 없었기 때문에 생겨난 비극이다. 물론 할아버지 방에는 반듯한 책상 하나조차 없었다. 의자가 필요 없는 서랍달린 앉은뱅이 책상에 오금이 아프도록 쭈그리고 앉아서 공부랍시고 했었으니 성적이 제대로 오를 일이 있었겠는가?

농경시대와 산업화 시대를 거쳐 오면서 모든 것이 풍족해진 오늘의 관점에서 보면 "쌀이 없으면 라면을 먹으면 되지." 라고 말하는 소위 보릿고개를 경험하지 못한 세대에겐 한 낱 상투적인 넋두리로 들릴지 모르지만 IMF 이후 청년실업문제가 사회문제화 되면서 그제야 조금은 정신을 차린 듯해서 그나마 다행이다

한편, 곰곰이 생각해보면 고향은 늘 나를 거짓말쟁이로 만들었다. 기억 속의 강물은 실제로는 도랑물에 불과했고, 추억 속에서 느껴지는 대궐 같은 고향집은 다 큰 성인의 눈으로 보았을 때는 어떻게 저 좁은 곳에서 여러 식구가 함께 살았을까 의문이 들 정도로 작고 초라한 집이었다. 그러기에 함부로 고향자랑을 해서는 안 된다는 말이 설득력을 얻어가고 있는 모양이다.

고향을 떠나 객지에 와있는 많은 사람들이 나이가 들면 고향으로 되돌아가야 한다고 말한다. 하지만 내게 고향은 이미 없어졌다. 옛날에 그것은 지금 알아보기 힘들 정도로 너무 변해 있다. 타서 없어지고 무너져 내려 흔적마저 사라져갔다. 하나의 벌레, 들꽃, 돌, 언덕이라도 기억 속의 고향은 존재치 않는다. 지금 남아있는 형체로는 도저히 내 어린 시절을 증명해주지 못한다. 즉 장소는 있되, 내가 스며있던 풍경들은 다 사라져버린 것이다.

어디로 갔을까? 지금 그곳은 크고 작은 공장의 폐수가 흘러내리고 소나 돼지 축사의 배설물이 흐른다. 수질오염의 근원인 공장폐수나 가축의 배설물이 이렇게 방치되고 있는 것이다.

사람에겐 자신이 살았던 흔적을 추적해 보고 싶은 욕망이 있다고 한다. 내가 살았던 유년의 풍경들, 너무 많이 변하고 바뀌어 있었다. 어찌 보면 우리네 인생도 그렇게 변하고 저무는 것인지도 모른다.

공동묘지

나이가 들면 몸처럼 마음도 함께 늙어 버리는 줄만 알았었다. 하지만, 기실은 그렇지 않았다. 아무리 나이는 숫자에 불과하다고 강변을 늘어놓아도 역시 나이는 나이인데 이상한 것은 나이가 들면 들수록 내면의 정신은 보다 새로운 것을 향하여 선명히 접근하게 된다는 것을 알게 되었다.

하루하루 시간이 흐를수록 삶에 대한 느낌은 더욱 진하게 가슴에 와 머물고 사람이 그리워지고 젊을 때에는 사소하게 생각한 것 까지 그리움과 아쉬움이 되어 버린다는 것을 알았다. 유년의 고향하늘을 떠올려보면 빼놓을 수없는 곳이 하나 더 있다. 바로 이웃 마을로 가는 길목에 있는 공동묘지이다.

다시 말해 길과 길이 만나고 마을과 마을이 이어지는 소통의 통로에 공동묘지가 있는 것이다. 이 공동묘지는 글자 그대로 공동묘지일 뿐 요즘의 공원묘지와는 그 격이 판이하게 다르다. 공원묘지는 공원이라는 단어가 상징적으로 암시해주듯 공원에 묘지가 있는 것이며, 묘지가 있는 공원인 것이다.

하지만, 이곳의 공동묘지는 몇 몇의 묘를 제외하고는 제 명을 다하지 못하고 안타깝게 죽어간 사람들의 무덤이거나, 죽어서까지 대접을 받지 못한 사람들의 무덤이며, 대부분의 묘는 돌볼 사람이 없는 즉, 무연고 묘인 것이다. 그러기에 이곳을 지나갈 때는 항시 음산하고 몸이 으스스한 것이 사실이다.

따라서 이곳 공동묘지에 얽힌 개운치 못한 이야기가 많이 전해오는 것도 다 이 같은 이유에서이다.

어느 해에는 김해에 사는 큰 매형이 당신의 처갓집을 방문하기 위해 돼지고기를 사오다가 이곳에서 도깨비를 만났다고 하는데 그날은 마침 비가 왔었고 밤늦은 시간이었다고 한다. 당시 새벽녘에야 집에 들어선 매형의 복장은 엉망이었다. 머리는 헝클어질 대로 헝클어져 있었고, 온 몸에는 땀이 흥건히 묻어나 있었으며 입고 있는 양복은 온통 진흙투성이였다. 매형의 말에 의하면 조금 전까지 도깨비와 뒤엉켜 싸우다가 지니고 있던 돼지고기 보따리를 집어 던지고서야 겨우 해방될 수 있었다고 한다.

사실여부를 떠나 나는 매형의 그 말을 곧이곧대로 믿고 싶었다. 아니 믿을 수밖에 없었다. 매형의 행색에서 그리고 평소 술 한 잔도 못하는 진중하신 성격을 보더라도 그 말을 믿지 않을 명백한 이유를 찾아낼 수 없었다.

어느 해 가을이었을 것이다. 정신없이 바쁜 농번기의 농촌은 느림이 용서되지 않은 곳이다. 당시엔 소가 있으면 부자였다. 가난한 우리 집은 당연히 소가 없었고, 농사도 소작농이었던 터라 겨울을 나기가 어려운 형편이었다.

우리 집의 겨울나기를 위하여 아버지께서는 이웃 마을의 아저씨뻘 되는 집에서 소를 빌려 남의 논밭을 갈아주시고 그 대금조로 받은 벼의 절반가량을 소 주인에게 주고 나머지를 우리가 갖는 이른바 "나눠 먹기식" 일을 하셨다. 그러기 때문에 아버지께서는 빌려온 소를 이용해서 한 고랑이라도 더 갈기 위하여 늦은 시각까지 일을 하셨다. 그날도 아버지의 일은 늦게 끝났다. 그날따라 아버지께서 너무 힘들어 하신 모습을 보았다. 웬만하면 일을 끝내고 논에서 곧바로 소를 이웃마을의 소 주인에게 되돌려주고 집에 오곤 하셨는데 그날은 소를 직접 집으로 끌고 오셔서 나에게 그 일을 시키는 것이었다. 나는 그 공동묘지를 통과해야 하는 것이 상당히 두렵고 부담스러웠지만 힘들어하시는 아버지를 도와드려야 하겠다는 생각에 흔쾌히 받아들였다.

해가 넘어간 뒤 땅거미가 질 때까지 그 저녁놀의 잔영은 아름답다. 여리고 순하디순한 색깔을 사람의 마음의 색깔과 비교하면 아마 착하고 어진 사람들의 마음이 그런 빛깔이었을 것이다. 그러나 오늘은 저녁놀의 낭만을 느낄 여유도 없이 어둠이 어둑어둑 내리는 초저녁에 무덤들이 많은 산길을 걸어야했다. 갈 때는 소가 길동무를 해주어 덜 외로웠고 덜 두려웠지만, 홀로 집에 돌아오는 길은 등 뒤에서 누군가가 부르는 것만 같아 등골이 오싹할 정도로 무섭기만 했었다.

아, 그때 내가 느꼈던 강한 공포는 도대체 어디에 그 뿌리를 두고 있는 것일까?

뒤도 돌아보지 않고 뛰고 뛰어 공동묘지를 막 통과할 무렵, 나를 부르는 목소리가 있었다. 만약 그 소리가 등 뒤편에서 들렸다면 그전에 매형이 험한 꼴을 보았던 것처럼 나 역시 그 자리에 주저앉고 말았을 것이다.

하지만 그 소리는 분명 내 앞에서 들리는 어머니, 내 어머니의 목소리였다. 어린 아이를 손전등도 쥐어주지 못한 채 어두운 길로 내보내고 안타까워하시는 어머니의 다정한 음성이었다.

외갓집 풍경

외갓집은 우리 고향마을에서 약 이십 리의 거리에 있었다. 외갓집으로 가는 교통편은 하루 중 오후나절 딱 한 차례 출발하는 버스가 유일하다. 그 버스를 타려면 오리 길을 걸어가서 시간 맞춰 타야 한다. 그것도 곧바로 외갓집 방향으로 향하는 버스가 아니고 일단 "문장"이라는 곳에 갔다가 그곳에서 광주로 가는 버스로 다시 갈아타야 하며, 가는 도중에 외가마을 입구에서 하차하여야 한다.

그만큼 교통편이 더디고 복잡하기 때문에 외갓집을 한번 가기 위해서는 아예 처음부터 걷기로 작정하고 집에서 일찍 출발하는 것이 상책이었다. 외가로 가는 길은 산을 넘고 논길을 지나 냇물을 건너야 한다. 뿐만 아니라 마을 한 가운데를 가로질러 걷기도 해야 하고 저수지 둑도 걸어야 한다. 한마디로 외갓집 가는 길은 이역(異域)으로 가는 멀고도 후미진 길이었다.

요즘처럼 올레길이다 둘레길이다 해서 건강을 중시하는 걷기문화가 정착돼가는 시대라면 그 길은 분명 환영할만한 가치가 있는 길일 것이다. 왜냐하면 전형적인 농촌의 이모저모를 온몸으로 느끼며 건강도 챙기면서 평화롭게 길을 걸을 수 있기 때문이다.

그러나 그것은 어디까지나 물질문명이 발달하여 모든 것이 풍족한 현대에서나 생각할 수 있는 길 일 뿐, 당시의 사람들이야 어디 그런가? 특히 유년의 어린 나에게는 그 길이 무척이나 힘들고 가혹한 길이었던 것이다.

하지만, 그 길이 멀고 힘든 길이라 하더라도 내겐 꼭 가야만하는 길이었고 가지 않으면 안 될 길이었다. 그 이유는 바로 그 길이 외갓집으로 가는 길이었기 때문이다. 아무리 쓰리고 아픈 일들이 많아 다시 들여다보기 싫은 유년기라도 그 안에 외할머니만 들어가면 갑자기 환해지는 이유도 바로 그 때문인 것이다.

그곳에는 먹을 것이 풍족하여 언제든 내 허기진 배를 채울 수 있었으며 무엇보다 나를 사랑하는 외할머니가 계셨었다. 외할머니는 일찍이 혼자되셨다. 어머니와 이모 단 둘만 낳으시고 모든 양육의 의무를 청상과부로 살아야 하는 외할머니께 맡기고 외할아버지는 무책임하게도 저 세상으로 떠나고 만 것이다. 자세히는 몰라도 아마 그순간부터 외할머니는 외롭고 모진 삶을 살아오셨을 것이다.

"인생은 기쁨의 동산이었던 에덴을 잃어버린 후 끊임없이 그 기쁨의 동산을 향해 다가가는 여정이다."라고들 말하지만 외할머니의 운명은 기구하기만 하였다. 당시 나는 세상물정을 전혀 알 까닭이 없는 철이 한참 덜든 나이였지만 장죽으로 독한 잎담배를 뻐금거리신 할머니를 보면서 오랜 세월 지치고 부대낀 삶을 그렇게라도 위로받고 싶으셨을 거라는 막연한 생각을 가져보기도 했었다.

쪽 비녀를 풀면 치렁치렁한 머리가 엉덩이까지 내려오며 촘촘한 참빗에 물을 적셔 희끗희끗한 머리를 정성스레 빗으셨던 내 할머니, 지금 생각해보니 외할머니는 내가 태어나 처음 뵐 때나 97세의 나이로 저 세상으로 떠나실 때나 한결같은 정갈한 그 모습 그대로셨다.

방학 때면 나는 외할머니 댁에 보내졌다. 이제 내가 기억하고 있는 외갓집의 풍경 속을 들여다보자. 금방이라도 쓰러져 내릴 것 같은 허름한 초가집에 야트막한 담벼락을 싸고 있는 호박넝쿨이 무성하게 뻗어있다. 그 넝쿨에는 커다랗고 푸른 잎사귀와 징그럽게도 노랗고 큰 호박꽃이 피어있다. 호박꽃은 천상 호박꽃이었다. 그곳에는 꽃밭과 채마밭도 있었으며 둥그런 절구통도 있었다.

감꽃을 줍기 위해 수탉울음 소리에 일어나, 눈을 비비며 토방에 내려섰을 때 마주하게 되는 것은 새벽달빛이었으며, 한 줄기 소나기가 지나간 후 창호지로 바른 문을 열어보면 성큼 다가와 있는 것은 앞산이었다. 재 너머 마을에서 들려오는 농악대의 은은한 징소리와 커다란 다듬잇돌 위에 밀가루 반죽을 펼쳐놓고 방망이로 쓱쓱 미시는 할머니의 모습은 지금도 사무치도록 그리운 풍경이다.

할머니는 늘 어린 나의 처지를 안타까워하셨다. 한 참 먹고 한 참 성장할 나이에 제대로 먹지도 못하고 있는 외손자가 마음에 걸리셨던 것이다. 또 할머니는 외가 마을에서 제일 어른이셨기 때문에 이집 저집에서 먹을 음식을 많이 가져다주셨다. 이렇게 먹을거리가 생기면 할머니는 배가 고파 힘들어 할 외손자 생각에 당신 몫까지 모조리 모으셨다가 연로하신 몸으로 그 먼 길 마다않고 가져오곤 하시는 것이었다.

어떤 날은 우리 집에서 가신 후 이틀 만에 다시 오기도 했다. 그 사이에 또 누군가가 할머니께 먹을거리를 가져다주신 것이다. 할머니는 외손자에게 먹일 게 생기면 하루에 두 번이라도 오실 분이었다. 당시 나는 학교에서 집에 돌아와 토방위에 깨끗하고 하얀 고무신만 보이면 할머니께서 오셨다는 걸

직감하고 기뻐했었다. 나는 친할머니를 모른다. 우리 할머니는 내가 태어나기 훨씬 전에 돌아가셨다고 한다. 따라서 나는 할머니의 얼굴도 한번 본 일이 없으며 기억에도 없다. 그래서일까? 나는 외할머니를 할머니라 부른다. 내게 외할머니는 나의 친 할머니이자, 동시에 외할머니이시다. 그런 할머니가 오래 사셨다는 것은 분명 내게 큰 행운이었다. 할머니가 살아계신다는 그 자체만으로도 나의 유년은 항상 배가 불렀고 따뜻했으며 행복할 수 있었다.

그러던 할머니도 세월의 무게에는 어쩌지 못하셨는지 내 고향집에서 한 동안 어머니와 함께 계시다가 노환을 극복하지 못하시고 서울로 오시게 되었다. 뒤늦게 양자를 들였지만 외손자의 사랑을 받고 싶으셨던지 외삼촌의 부양을 거부하고 이종 형 집에서 기거하시다가 끝내는 우리 곁을 떠나 천국으로 가시고 말았다.

할머니께서 어머니의 부축을 받으시며 처음 서울에 오신 날, 우리 집에 오셨었다. 제대로 앉을 수도, 설 수도 없는 상황에서 엘리베이터가 없는 5층 아파트의 맨 꼭대기 층인 5층에서 살았던 나로서는 1층에서 5층까지 할머니를 업고 올라가야 했었다. 할머니께서는 워낙 키가 크신 분이셨기 때문에 업고 올라가는 동안에 단 한 차례도 쉴 수가 없었다.

불과 몇 분간의 짧은 시간이었지만 평생을 살아오면서 아마 그때처럼 힘들어 본 적도 없었으며 동시에 또 그때처럼 행복해 본 적도 없었다. 그것은 내가 할머니로부터 받은 만정에 비하면 만 분지 일도 안 될 것이 분명했겠지만 그나마 내가 할머니께 해드린 최고의 효도였기 때문이다.

결국 할머니는 이종 형 댁에서 얼마간을 누워 보내시다가 눈을 감으신 후, 양지바른 외가 뒷산으로 모셔졌다.

몇 년 전에 어머니와 함께 외할머니의 묘소를 다녀 온 적이 있었다. 생전의 정갈하신 모습처럼 할머니의 묘는 말끔히 단장돼 있었다. 나는 언제 또 할머니를 뵐지 모른다. 그러나 언제라고는 딱히 기약할 수 없겠지만 만약에 할머니를 뵙게 된다면 묘 앞에 단 몇 분이라도 주저앉고 싶다. 그리고 통곡의 성으로 몇 말씀 드려야겠다.

"할머니, 고맙습니다. 할머니로부터 받은 그 은혜 제가 할머니 곁으로 돌아가게 되는 그날까지 절대 잊지 않겠습니다."

내가 사랑했던 가족들

(1)

“가족은 신이 내려주신 만발한 꽃밭”이라고 한다. 그만큼 가족은 그 구성원의 입장에서 보면 아름답고 소중하다는 뜻일 것이다. 너나 할 것 없이 모두가 살기 어려웠던 시절, 위태위태했던 내 유년을 끝까지 지켜주고 오늘의 나로 아름답게 승화시켜주셨던 사람들이 있었다. 나는 그 사람들을 일일이 기억한다. 그 꼭지에는 당연히 내 어머니가 계시지만 어머니에 관한 얘기들은 이 책 어딘가에서 별도로 언급이 되기에 우선은 할아버지 얘기부터 꺼내보기로 한다. 할아버지는 나와 한 방을 사용했던 관계로 단순히 “할아버지와 손자”라는 조손관계를 떠나서 특별히 다정한 사이였다.

어느날 나는 잠자리가 불편했던지 소리소리 지르며 무섭고 두려운 꿈을 꾸고 이튿날 아침까지도 그 꿈의 공포에 떨고 있기라도 하면 할아버지께서는 “애야, 너무 놀랄 것 없다. 키가 크느라고 그런 꿈을 꾸는 것이란다.”라고 하시며 자상하게 해몽까지 하여 주셨다. 이처럼 어릴 때부터 나는 할아버지를 통해 은연중에 꿈속에서의 추락은 생시에는 역설적으로 키가 그만큼 성장한다는 걸 배웠다.

할아버지와 함께 했던 5일장의 추억도 시간의 먼지 속에 묻힌 자취였었다. 시골5일장, 그곳에는 옛 인정을 만날 수 있다. 사라져가는 우리 고유의 풍물을 느낄 수 있는 곳도 바로 장터이다. 내 고향장터는 인근의 장터 중에서 가장 중앙에 자리 잡은 장터였다. 고향장터는 5일과 10일, 15일 등 5일단위로 외우기 쉬운 날짜에 섰다. 사람들은 굳이 내다 팔 것이나 살 것이 없는데도 빠르고 흥미로운 소문이 도는 장터를 찾아 나서기도 했다.

우리 할아버지도 내 손을 잡고 종종 장터로 나들이를 가곤 하셨다. 어린 손자와 함께 십리 길을 걸어 도착한 장터에서 할아버지는 이곳저곳 구경거리가 될 만한 곳을 찾아 기웃거리시다가 마지막에 들르는 곳은 다름 아닌 국수집이었다. 소위 "낭아죽"이라고도 부르는 팥을 삶아 넣어 만든 이 칼국수는 어찌나 맛이 일품이던지 외딴 시골의 어떤 집 할아버지와 손자가 다정하게 손잡고 십리길 발품을 팔아 온 것이 전혀 억울함이 들지 않도록 그 뜻에 부응하고 있었다.

매년 음력 10월이면 내 고향에서는 이른바 시향제를 지낸다. 시향제란 일반 기제사와는 달리 5대조 이상의 조상 산소에서 후손들이 정성스레 음식을 차려놓고 제를 지내는 행사이다. 할아버지는 내가 시간이 있을 땐 나를 꼭 데리고 가서 시향제의 참뜻을 되새겨주는 것은 물론이고, 제를 지낸 음식을 짚으로 만든 꾸러미에 가지런히 넣어서 싸주셨으며 내가 바빠 미처 시제에 참석하지 못할 때에도 이 음식꾸러미를 꼭 집으로 들고 오셔서 내게 주셨다.

중학교 때였다. 찌든 삶의 부스러기들이 여기저기 어지럽게 흩어져 있었던 시절에 해남의 대흥사로 수학여행을 떠나게 되었는데 가정형편이 어려운 나는 수학여행의 꿈을 접어야 했었다. 지금도 그렇지만 어릴 때도 친구들과 함께 어디론가 쏘다니기를 좋아하는 나로서는 실망과 아쉬움이 컸었다. 그렇다고 집안형편이 어려운 걸 빤히 아는 나로서는 더 이상 떼를 쓸 일도 아니었다. 안타까움에 한 숨만 내쉬는 어머니로부터 그 소식을 들으신 할아버지는 그 동안 문중의 족보 만드는 일 등을 맡아 오시면서 모아 둔 요즘말로 비자금에 해당하는 쌈지 돈을 흔쾌히 내놓으시며 다녀오라는 것이었다. 할아버지의 손자사랑은 그 끝이 없었다.

아, 내 할아버지는 참으로 신비한 재능도 갖고 계셨다. 연하고 가느다란 대(竹)를 깎아 적당히 굽힌 다음, 명주실을 꿰고 하얀 창호지를 붙여 만든 연은 그야말로 예술의 극치였었으며, 또 겨우살이용으로 준비한 장작을 가지런하고 반듯하게 쌓아올린 솜씨를 보면, 그 일을 과연 어떤 마음으로 했는지 미뤄 짐작이 가능했다.

어디 그뿐이랴. 일찍부터 한학(漢學)의 대가(大家)소리를 들으셨던 할아버지는 마을의 젊은이들을 위하여 농한기인 겨울철에 소위 서당(書堂)을 차려 한자공부를 익히게 하셨다. 당연히 교재도 할아버지께서 직접 제작한 것이었다. 글을 쓰는 일에서부터 편집, 그리고 출판에 이르기까지 일련의 과정을 할아버지 혼자서 담당하신 것이다.

할아버지는 그야말로 만능이셨다. 우리 집과 이웃집의 경계에는 돌담장이 있었고, 그 돌담장 밑으로는 개울물이 흐르고 있었다. 할아버지께서는 이 개울가를 따라 기다랗게 화단을 조성하셨으며 화단에는 접시꽃, 봉선화, 함박꽃, 해당화, 수선, 작약 등 철따라 꽃이 피어날 수 있게 꽃나무를 심으셨다. 작은 돌 하나하나와 계곡 구석구석마다 할아버지의 손길이 닿지 않은 곳이 없었으니 할아버지는 참으로 부지런도 하셨다.

세월이 흘러 나도 어느 덧 성장하여 군대를 다녀오고 공무원이 되었다. 그러나 나는 공부의 끈을 놓지 않기 위해서 곧바로 야간대학에 입학했다. 어느 해 할아버지는 노량진에 오셨다. 노량진은 당시 내가 기거했던 숙모 댁이 있는 곳이다.

평소에도 가끔씩 당신의 작은 자부인 숙모 댁에 곧잘 오시는 편이었지만 지금은 바쁜 농사철이라서 다소 의아하게 생각했었다.

아니나 다를까 할아버지가 오신 주된 이유는 바로 농자금 때문이었다. 어렵사리 그 사실을 알게 된 순간, 나는 가슴이 무너지는 아픔을 느껴야 했었다. 아, 내가 오늘에 이르기까지에는 고향을 굳건히 지키시고 있는 할아버지와 부모의 은덕이 분명했을 텐데 나는 그 은혜를 그 은덕을 까마득하게 잊고나 살아갈 궁리만 하고 있었던 것이다.

물론 당시 나는 어엿한 직장인이면서, 학생신분이기도 했지만 대학등록금 때문에 고향집을 살필 겨를이 없었다는 이유로는 정당화될 수 없었다. 여기저기에서 급히 구한 농자금을 할아버지 내려가시는 날짜에 맞춰 해드리고 나니 한결 마음이 가벼워졌다. 나중에 들은 소식이지만 그 일로 인해서 내 어머니는 나에 대한 미안함에 몹시 가슴 아파하셨다고 한다.

(2)

우리 어머니는 아들 둘, 딸 둘을 낳아 잘 길러주셨다. 네 명의 자녀를 두었다는 것은 결론적으로만 보면 어머니의 의지와는 상관없이 그 당시의 범국가적 사업인 가족계획사업에 적극 동참하신 셈이며 출산장려운동이 국가적 과제로 등장한 지금 시점에서 봐도 네 명의 아이를 갖는다는 것은 매우 바람직한 현상일 것이다.

하지만 들은 얘기로는 내 위로 형 하나와 내 밑으로 동생 둘을 포함해서 모두3명을 잃으셨다고 하니 네 명의 자녀를 두는 것이 어머니의 당초 뜻은 아닌 것 같다. 그 당시만 해도 의료기술이 발달하지 못했고 후진국의 고질적 병폐인 불치의 전염병이 많아서 한 가정에 보통 몇 명씩의 자녀들을 잃는 것은 다반사였다고 한다.

과거에다 만약을 붙여 가정하는 것처럼 부질없는 짓은 없다지만 어쨌든 당시의 상황과는 상관없이 나는 다소 엉뚱한 생각을 가정해보기도 했었다.

만약에 나에게 이 세상에 채 피어나기도 전에 죽어간 세 명의 형제들이 생존해 있다면 특히나 그중 형이 생존해 있다면 내 생은 어떠했을까? 모르긴 몰라도 지금의 나하고는 조금은 다르지 않았을까 생각해보게 된다.

물론 조부님과 부모님, 그리고 누나들의 삶까지도 어떤 식으로든지 그 영향을 받았을 것만 같다. 일단은 긍정적인 측면에서만 생각해보면 우리 집의 대들보격인 형이 있으므로 해서 당장 어린 나를 재껴두고 장남의 역할을 해왔던 큰누나가 가장 큰 수혜자였을 것 같다는 생각을 해보며 큰 누나얘기를 꺼낼까 한다. 내 어릴 때 큰누나는 모란꽃처럼 화사해 시골 머슴애들의 선망의 대상이었다. 언젠가는 학교수업이 끝나고 혼자 집으로 돌아오는데 건장한 사내 둘이 어린 나를 가로막고 다짜고짜 묻는다.

"얘, 니 누나 이름이 임＊＊ 맞지?"
"그런데요?"
"자식, 지 누나 닮아서 예쁘게 생겼네."
"............................"

두 형들이 번갈아 질문을 던지더니 그 중 한 형이

"아야? 이거 누나한테 꼭 전해 주거라잉?"
"형 말 잘 들으면 담에 맛난 거 사줄게, 알았지?"
"..............................."

나는 아무 대꾸도 없이 구겨진 종이에 쓴 편지를 받아들었다. 편지의 내용이 궁금하기도 했지만 보지 않고 그냥 누나에게 전해주었다. 누나가 그 편지를 읽었는지 아니면 읽어보지도 않고 그냥 찢어버렸는지 알 수가 없었지만 그만큼 누나는 형들의 관심권에 있는 미모를 갖추고 있었다. 나는 그 당시 그런 아름다운 누나를 두고 있다는 사실을 무척 자랑스럽게 생각했었다.

다음은 유일무이한 내 동생자랑을 잠깐 해야겠다. 나보다 여섯 살 아래인 동생은 과묵한 성격의 소유자이다. 어머니가 생존해 계실 때 큰누나와 나는 성격이 호탕하고 말들을 예쁘게 잘하는 붙임성 있는 성격이어서 좋다고 하셨으며, 작은 누나와 동생은 말이 없는 것이 다소 흠 같아 보이지만 한편으로 생각해보면 꼭 필요한 말만 하는 다시 말해 그만큼 말실수를 하지 않는 장점을 지녔다고 하셨던 말씀이 생각난다.

어쨌든 동생은 말수는 적었으나 집념이 강하고 무척 성실한 성격을 지녔다. 찌든 가난과 바쁜 농사일로 겨우 중학교만 마치고 곧바로 상경하여 주경야독의 생활 끝에 검정고시를 합격하고 곧이어 방위산업체 근무로 병역을 대신하게 되었다. 동생은 계속해서 공과대학을 졸업하고 대기업에서 경륜을 쌓은 뒤, 그 인연으로 지금은 어엿한 사업체를 운영하고 있다. 그때 틈틈이 공부하면서 모은 돈으로 시골집의 빚들을 모두 정리했던 것도 역시 동생이었다. 뿐만 아니라 내가 공무원으로 처음 발령 받았을 때 당장 출근 시에 입어야 할 신사복을 사준 사람도 다름 아닌 내 동생이었다. 이렇게 되면 누가 동생이고 누가 형인지 무엇인가 뒤바뀐 것 같았다. 내 동생이지만 참으로 대견스러웠다.

"우리가 너무 가난해서 우리가 믿을 수 있는 것은 우리 자신의 노력밖에 없다. 우리가 스스로 일어서지 못하면 아무도 우리를 도와주지 않는다."

우린 서로 눈만 쳐다보아도 금세 뜻이 통했다. 형제란 역시 얼굴만 닮은 것이 아니라 지향하는 정신까지도 서로 닮아가는 모양이다.

"오늘이 지나면 다시 못 볼 사람처럼 가족을 대하라"라는 말이 있다. 바로 우리 가족이 그랬었다. 생전의 어머니께서도 누나들을 포함해서 참 우애 좋은 "4남매" 라며 흐뭇해 하셨던 모습이 눈에 선하다.

(3)

어린 시절 숙모는 내게 또 다른 어머니였다. 어쩌면 어머니보다 더 큰 사랑을 내게 주신 분이었다. 6.25 동란으로 숙부께서 일찍 세상을 떠나시고 꽃봉오리가 미처 피어나기도 전인 20대의 나이에 청상과부가 되신 것이다.

숙모에게는 아들과 딸, 두 자식이 남겨져 재혼은 꿈도 꿔보지 못하고 지금까지 한 많고 모진 세상을 살아오셨다. 돌이켜보면, 그렇게 힘든 세월을 살아오면서도 숙모는 한 번도 젊은 적이 없었던 같고, 한편으로는 늘 젊었던 것 같다. 내가 어릴 때 우리 집에서 불과 몇 십 미터 거리에 숙모집이 있었기에 나는 늘 숙모 댁을 찾았다. 숙모의 조카사랑은 대단했다.

오죽했으면 동네사람들의 입에서 "자기 자식은 내팽개치고 조카한테만 정성을 쏟는다."는 소문이 나돌았을까? 나이가 들어서도 나를 향한 숙모의 사랑은 계속됐다. 내가 병영의무를 다하고 일단 고향집으로 내려가 있었을 때 숙모는 곧바로 나를 당신 집으로 불러, 나의 뜻에 따라 공부를 하게 하였다.

그리고 공무원이 된 뒤에도 결혼할 때까지는 내가 집을 떠나는 것을 허락하지 않으셨으니 세상천지에 조카사랑이 이보다 더 극진한 경우가 또 어디 있을까? 숙모는 어머니와는 동서지간이면서도 친구사이였다. 때로는 질투도 많았지만 단 하루라도 서로 소통하지 못하게 되는 날이면 죽고 못 사는 사이였다. 금년 봄 어머니가 떠나셨다는 소식을 들은 숙모는 며칠 동안을 식사를 못하셨다고 한다.

아, 이 시간 간절하게 숙모가 보고 싶다. 몸이 불편하신 숙모께 전화라도 한 통 넣어드려야 마음이 편할 것 같다.

감춰두고 싶은 이야기들

내 유년이라고 해서 항상 푸르고 아름답고 시(詩)적일 수만은 없었다. 마음대로 먹지도 못하고 마음대로 입을 수도 없고 마음대로 가질 수도 없었으며 하고 싶은 거 마음대로 하지도 못하는 참으로 힘들고, 어려운 일도 많았다. 다시는 기억하고 싶지 않고 영원히 감추어두고 싶으리만큼 부끄럽고 치욕적인 일도 있었다. 어쩌면 내 생애에 있어서 최대의 비극적 실화라고도 말할 수 있는 이 일이 다행히 어린 나이에 일찍 찾아왔기에 훗날 그 영향을 받아 생의 여정이 그나마 순탄하지 않았을까하고 스스로 자위해 보며 입을 열어본다.

대체적으로 5.60년대에는 모두가 가난했던 시절이다. 물론 우리 집도 예외일 수는 없었다. 부지런하시고 덕망이 높으셨던 할아버지와는 달리 아버지는 면사무소 일을 돕는답시고 농사일은 내팽개치고 사람들과 어울려 매일 술을 마셔댔다. 늦게 귀가하는 날엔 밖에서 술을 마시는 날이었으며 어쩌다 일찍 귀가하시는 날은 많은 사람들을 집으로 몰고 와서 술을 마셨다.

술에 장사가 없다는 옛말처럼 아버지는 끝내 뇌졸증으로 쓰러지셨고 몇 년 후 그 증세로 다시 또 쓰러지기도 하셨다. 그러는 사이에 가산은 줄어들게 되었고 우리는 순식간에 처절한 가난의 구렁텅이에 빠지게 되었다. 가난도 가난이었지만 문제는 그 동안에 발생한 빚을 갚는 것이 문제였다.

아버지는 소유하고 있는 논과 밭을 다 팔고 남의 농사를 짓기 시작했다. 이른바 소작농이었다. 아버지와 함께 어렵게 농사를 지었던 어머니는 가을 등판에 익은 벼를 보며 수확의 기쁨에 감사하기도 전에 지주의 곡간에 찰 볏섬을 생각하며 허망해 하곤 하셨다. 여름 내내 쏟은 소작농의 피눈물로 손 하나 까딱하지 않고 부자 신분을 누리는 자와 온갖 고생을 아끼지 않으며 피땀을 바쳐도 헐벗고 굶주리는 자가 있었으니 그

때나 지금이나 자본주의 사회의 고질적 병폐인 빈익빈 부익부현상을 극복하기가 어려웠나 보다.

우리 집의 빚은 해가 갈수록 늘어났다. 아무리 노력을 해봐도 논뙈기 하나 없는 형편에는 목에 풀칠하기도 바쁜 일인데 거기에 빚을 갚는다는 것은 거의 불가능한 일이었다. 이런 딱한 사정을 잘 알고 있는 집안의 8촌쯤 되는 형이 문제 해결에 적극 나섰다. 1차로 어머니와 상의하고(당시 아버지는 자신 때문에 생긴 일이라는 죄의식 때문이었는지 유구무언이었던 것으로 안다.) 최종적으로 할아버지와 상의한 다음에 어린 우리들에게는 어머니를 통해 일방적으로 통고하는 방식으로 알려주었다.

이른바 문제 해결 방식은 이랬었다. 우리 집으로부터 빚을 받을 권리가 있는 모든 사람들을 모아놓고 우리 집은 빚의 변제능력이 없으므로 마지막 재산인 집을 팔고 그 대금을 빚과 비례하여 변제할 계획이니 협조해 달라는 부탁이었다. 처음에는 채권자들의 찬반이 엇갈렸지만 반대만을 고집하다가 한 푼도 못 받을 것을 염려했던지 대체적으로 받아들이는 분위기였다. 이렇게 되면 빚은 갚아질지 모르겠지만 조상 대대로 물려 온 우리 집은 사라지고 마는 것이다. 어머니는 말할 것도 없고 할아버지의 상심이 크셨다. 여기까지 어떻게 내려온 집인데 그 집을 팔아 빚을 갚다니 이젠 죽어서도 조상들의 얼굴을 제대로 뵐 수 없을 것 같다면서 긴 한숨만 지으셨다.

다음 문제는 우리가 살아야 할 집을 마련하는 일이었다. 다행히 집은 다음 해 봄에 집을 산 사람이 뜯어가기로 했으며 우린 그 동안에 집을 짓기로 하였다. 집을 짓는 일도 할아버지 몫이었다. 집 기둥과 서까래에 사용할 나무를 구하고 흙벽돌을 만들어 집을 지었다. 목수는 단 3일만 활용하고 할아버지의 총 지휘 하에 모든 식구들이 일사분란하게 집을 짓는 일에 동참하여 어엿한 우리 집을 마련할 수 있었다. 전에 살던 집하고는 비교할 수 없을 정도로 훨씬 적었지만 그래도 우리 보금자리를 스스로 만들었다는 자부심으로 집을 잃은 그 애통함에서 벗어나기도 하였다.

그 뒤로도 우리는 그 동네에서 한 번 더 이사를 가야했었다. 할아버지가 돌아가신 후 그 집터마저 빚을 갚기 위해 팔고 마침 동네에 공가가 생겨서 그 집으로 이사를 갔었다. 돌이켜 보면, 내 유년의 강은 붙잡을 것 하나 없이 오로지 긴 한숨과 환멸의 입으로만 건너야 했었고, 그 강물의 도도한 물살에 맞서기에는 너무 유약한 나이었던 거 같았다.

문득 이 순간 94세의 나이로 운명한 일본의 세계적 부호 마쓰시타 고노스키의 말을 떠올려본다.

그는 "첫째, 가난 속에 태어났기에 부지런히 일을 할 수 있었다.

둘째, 약하게 태어난 덕분에 건강의 소중함을 알고 겨울철에 냉수마찰을 하면서 건강을 지켜냈다.

셋째, 초등학교 4년에 중퇴했으므로 이 세상의 모든 사람들을 나의 스승으로 생각할 수 있었다."고 하며 이 세 가지를 다른 사람이 갖지 못한 자신만의 행운이라고 설명했다. 그 말이 맞을 것도 같았다.

한편, 진정성 있는 사랑 앞에 가난은 장애가 될 수 없다고 한다. 5~60년대 우리 모두가 가난했던 시절, 가정은 더 화목했다. 부모와 자식 간에, 형제간에 사랑으로 똘똘 뭉쳐 조금씩 나아질 내일을 바라보며 당시의 가난을 이겨나갔다. 그럼에도 불구하고 나는 만일 신이 내게 다시 온전한 유년을 돌려줄 테니 또 한 번 그렇게 살아보라고 한다면 나는 비명을 지르며 일언지하에 거절하고 말 것이다. 내 유년의 그 긴 시간들, 그 동안 충분히 고단했고 외로웠으며, 결코 호락호락했던 적이 없었기 때문이다.

대체적으로 5.60년대에는 모두가 가난했던 시절이다. 물론 우리 집도 예외일 수는 없었다. 부지런하시고 덕망이 높으셨던 할아버지와는 달리 아버지는 면사무소 일을 돕는답시고 농사일은 내팽개치고 사람들과 어울려 매일 술을 마셔댔다.

02

모성의 바다

즐겨찾기에 추가하고 싶은 사람

무수한 별들이
소곤거리다가 지쳐 잠이 든
밤하늘은 어두컴컴한 빈 공간입니다.

공허함으로 가득 찬
오늘 같은 밤에는
불현듯 그대가 그리워집니다.

그대와 내가
따로 가는 평행선에서
단 한 번만이라도 방향을 틀어
만나길 바라는 마음으로

덩 그라니 빈 허공을 향해
그리움의 시를 쓰고
외로움의 노래를 불러 봅니다.

착한 눈빛, 해맑은 웃음.
그저 바라만 보아도 좋은 사람이지만
내겐 그대를 똑바로 바라볼 수 없는
안타까움이 있습니다.

봄 햇살처럼 화사한
그대의 눈빛을 바라다보면
눈이 부셔오고 주체할 수 없는
떨림이 있기 때문입니다.

연두 빛 새 생명이 잉태되는
따뜻한 봄날이 오면, 이제 아무도
들여다 볼 수 없는 텅 빈 가슴에
그대로 가득 채우겠습니다.

그리고 나만이 기억하는
즐겨찾기에 추가하여
그대가 그리울 때 마다 꺼내볼까 합니다.

어머니는 떠나셨다

지난 3월 30일, 사무실에 출근하여 10여 분쯤 됐을 무렵에 어머니께서 잠시 머무르고 계신 요양원으로부터 한통의 전화가 걸려왔다. 요양원에서는 특별한 일이 아니면 가족들에게 전화를 좀처럼 하지 않는다는 것을 잘 알고 있는 터이기에 다소 불길한 예감으로 전화를 받았다.

어머니께서 갑자기 호흡장애가 와서 지금 119구급차를 타고 병원으로 후송 중에 있다는 것이었다. 그리고 마음의 준비를 하여두는 게 좋겠다는 말까지 덧붙여 주었다. 전화를 끊고 급히 병원으로 달려갔지만 가는 도중에 병원에 먼저 도착한 집사람으로부터 이미 운명하셨다는 전화를 받아야 했다.

너무 허망한 일이었다. 실로 억장 무너지는 일이 아닐 수 없었다. 어머님이 우리 집에 오신지 꼭 24일 만에 상상도 못할 감당하기 어려운 일이 일어나고 만 것이다. 어머니께서 갑자기 우리 집에 오시게 된 배경은 이렇다.

김해의 큰 누나 집에 계시던 중 머리 통증을 호소하시면서 이 병원, 저 병원을 전전긍긍하며 백약을 써봤지만 별 효험이 없어 수십 년 전에 비슷한 증상으로 진료를 받고 완쾌하신 바 있는 00대 부속병원에서 진료를 받고 싶다하시기에 급히 우리 집으로 모시게 된 것이다.

우리 집에 오신 다음날 바로 병원에 진료예약을 하고 MRI 촬영과 신경과 진료를 마치고 약을 처방받아 투약을 하고 있는 중이었다. 그런데 이번엔 어머니께서 불면을 호소하시기 시작했다. 그러고 보니 불면현상은 갑자기 불거져 나온 것이 아니었다. 우리 집에 오신 날부터 잠을 못 주무신 것 같았다.

아무리 젊은 사람들일지라도 단 하루만 밤을 지새워도 견디기 어려운 일인데 90의 나이를 넘기신 노인께서 무려 3~4일을 불면에 시달리셨으니 그 고통이야 말해 뭘 하겠는가, 어미님께서 이상증세를 보이기 시작했다. 해서는 아니 될 말씀을 하시고 돌아가신 분들이 나타난다고도 하시고, 하신 말씀을 되풀이 하시는 등 평소 어머니답지 않은 행동들을 보이셨다.

이상증세를 보이기 시작한 첫째 날은 온 식구가 뜬 눈으로 밤을 지새우다가 어머님께서 진정기미를 보이시고 잠을 청하셨던 새벽녘에야 간신히 잠을 이룰 수 있었다. 출근을 위한 기상시간에 맞춰 눈을 뜨고 일어나 어머님이 계신 방을 조심조심 살펴봤다.

그런데 이게 어찌된 일인가? 어머님이 보이지 않았다. 급히 집 사람에게 알리고 어머님을 찾기 위해 밖으로 뛰어나갔다. 다행히도 어머님은 집으로부터 그리 멀지 않은 곳에 계셨다. 하지만 차가운 새벽바람을 맞으시면서 어머님은 오들오들 떨고 계셨다.

내용인즉, 소란을 피워 식구들의 잠을 설치게 만들었으니 늦게라도 식구들이 편히 잘 수 있도록 일부러 밖으로 나오셨다는 것이다. 말씀으로 미뤄보아 어머님의 컨디션이 정상으로 돌아오신 것이다. 뿐만 아니다. 집에 들어오셔서는 필기구를 달라고 하시더니 계속해서 뭣인가를 쓰고 또 쓰셨다. 아마 온전한 정신을 보존하기 위한 처절한 자구책 같았다.

하지만, 어머니는 그 다음날로 요양원의 신세를 지셔야 했다. 어머님의 소란에 대해 단, 하루를 참아내지 못하고 같은 아파트에 사는 이웃들의 불편을 핑계 삼아 나는 어머님을 요양원으로 보내드리고 만 것이다.

참으로 불효막심한 처사가 아닐 수 없었다. 아무리 이웃들의 시선이 따갑다하더라도 하루 정도는 더 지켜보고 결론을 내려도 늦지 않았을 것 같았는데 왜 그렇게 성급한 결단을 내렸는지 모를 일이다.

어머님을 요양원으로 모시고 일요일에 면회를 갔었다. 얼굴에 멍 자국이 있고 초췌한 모습을 보이고 있는 어머니께서는 "죽은 줄 알았던 내 자식과 내 며느리가 이렇게 살아있었구나." 하시면서 반갑게 맞아주셨다. 아직 완전한 컨디션을 회복했다고 보긴 힘들어도 어머님은 그런대로 맑은 정신을 보존하고 계셨다.

그것이 전부였다. 그것으로 끝이었다. 그 이후 어머님은 영원히 불귀의 몸이 되고 말았다. 장구한 세월을 고생고생 하시면서 자식들을 위해 그만큼 헌신하셨으면 이제 편히 쉬시면서 사실 때도 됐건만 내 어머님은 그렇게 떠나시고 말았다.

어찌 보면 힘들고 복잡하고 편치 못한 우리가 사는 이 세상보다는 피안에 이르는 길이 훨씬 행복하고 편안하다고 생각하셨을지도 모를 일이다.

어머니께서는 평소에 내게 강렬한 메시지를 남겨주셨다. 큰 아들인 너의 집에서 생을 마감하고 싶다고 하셨고, 다른 사람들이 들으면 유치한 말씀으로 치부해 버릴 수도 있겠지만 가능하면 내가 현직에 있을 때 죽었으면 좋겠다는 말씀도 하셨고, 또 죽을 때는 어느 누구에게도 짐이 되지 않게 깨끗이 죽었으면 좋겠다는 말씀을 거듭거듭 하셨다. 물론 막내아이의 입영 걱정도 잊지 않으셨다.

십수 년 전 윤달이 든 어느 해였다. 어머님께서는 친히 당신께서 입으실 수의를 준비하셨다. 자식들의 걱정을 한 가지라도 덜어주기 위해 그렇게 하신 것이다. 입관을 하기 전에 수의를 입혀드렸다.

"나야 너희들만 잘 되면 더 이상 뭘 바라겠느냐.."

살아생전에 나직이 속삭이시던 그 한마디가 오늘 어머님이 이 세상을 떠나 바로 그 옷을 입으신 날, 내 가슴을 진하게 울리고 말았다.

자식이 부모님을 여의면 죄인이라고 한다. 살아계실 때, 제대로 섬기지 못했기 때문에 돌아가신 것이라고 보기 때문이다. 내 경우를 보면 틀림없는 말인 것 같다. 나는 죄인이 분명했다. 살아계실 때 제대로 섬기지 못한 죄인이 분명했다.

입관을 하면서 어머니의 마지막 모습을 지켜보았다. 얼굴 한쪽에 새파란 멍 자국이 남겨져 있는 것을 보고 나는 또 한 번 가슴을 쓸어내려야 했다. 나를 안타깝게 만든 것은 어머니께서는 잠시 정신을 잃고 다른 사람들에게 소란을 피우며 불편을 준데 대한 자책감으로 당신의 얼굴을 마구 자학하셨다는 것이었다.

그렇게도 어머니의 속 뜰은 깊고도 넓으셨으며 그렇게도 어머니는 자신의 부끄러웠던 모습에 치를 떨 만큼 괴로워하는 자존심 강한 여성이셨다.

수만 송이의 국화꽃 향기와 함께 어머님을 저 세상으로 편히 보내드린 날, 하늘을 올려다보았다. 이토록 투명하고 쾌적한 하늘 아래서 당신의 아들인 나는 무엇을 할 수 있을까? 당신 앞에서 그저 서성거리기만 해도 내 영혼은 맑았고, 세상 사는데 거칠게 없는 것 같았는데 이제 나는 이 허허로움을 어떻게 달랠 것인가?

아름다운 꽃 멀미에 시달리는 고운 계절에 꽃바람 타고 우리 곁을 떠나신 내 어머니, 부디 영면하시기 바란다.

천국에 계신 어머니를 뵙고 오다

오늘은 소위 "사구제"라는 이름으로 어머니를 뵈러 가는 날이다. 정확히 말해 어머님께서 돌아가신 지 49일째 되는 날은 5월 18일이었지만 어차피 유교적 의미의 "사구제" 행사는 하지 않기로 하였음으로 평일을 피해서 미리 앞당겨 토요일에 행사를 갖기로 하였다. 다시 말해, "사구제"라는 의미 보다는 온 가족들이 어머니 묘소에 한데 모여 어머니를 추모하는 시간을 갖기로 한 것이다. 이른 아침에 식구들과 함께 집을 나섰다. 주말 나들이 길은 언제나 거대한 주차장을 방불케하리 만큼 정체가 심했다. 가다 서다를 반복하며 무려 5시간여 만에야 어머니 산소에 도착할 수 있었다.

어머니께서 이승을 떠나신 이후 처음으로 온 가족들이 한데 모인 것이다. 정성스레 준비해 간 음식을 상석(床席)위에 차려놓고 추도예배를 드렸다. 이 추도예배는 어머님이 돌아가시기 전에 남기신 유언이나 다름없었다. 교회 권사의 직분을 갖기도 하셨던 어머니께서는 평소에도 늘 내가 교회에 나가기를 바라셨고 제사를 모시는 것 보다는 추도예배를 원하셨던 것이다.

어머니의 뜻이 그러할진대 나는 교회에 나가는 것을 심각하게 고민하지 않을 수 없었다. 교회에 나가게 되면 일요산행은 꿈도 못 꾼다. 물론 교회 다녀와서도 주변 산 정도는 오를 수 있겠지만 지방 산행의 꿈은 접어두어야 한다. 많은 궁리 끝에 내린 결론은 교회에 나가는 것이었다. 그리고 곧바로 시행에 들어갔다.

따라서 이제 우리 집에선 자연스럽게 추도예배로 제사라는 의식을 대신하게 되었다. 간단히 묘소에서 추도예배를 드렸지만 교회에 나가지 않는 가족들을 배려하여 오늘만큼은 어머니께 절을 올릴 수 있는 기회를 부여하기로 하였다. 행사가 끝난 후에 우리 가족들은 나무 그늘 밑으로 모여, 준비해 간 음식으로 식사를 하며 담소를 나누는 시간을 갖게 되었다.

어느 정도의 시간이 흐르고 나는 자리에서 일어섰다. 나 홀로 조용히 다녀 올 곳이 있었기 때문이다. 어릴 적 내가 살았던 집으로 향했다. 그러나 그 때 그 집은 존재하지 않았다. 오랫동안 빈 집으로 남아 있다가 무너져 내린 것이다. 쓸쓸했다. 폐허가 된 그 집터에 앉아 있노라니 흐릿한 유년의 기억이 한꺼번에 되살아났지만 왠지 낯설게만 느껴졌다.

다시 옛길을 거닐어 어머니의 묘소로 갔다. 평화와 적막이 동시에 흐르는 한가운데에서 난 조용히 어머니 이름을 불러 보았다. 이 세상에서 가장 간절한 이름,

"내 어머니, 장하신 정 소녀 여사님~!"

대대로 봉사와 희생의 삶을 강요당해 온 우리 어머니, 그러나 예쁜 이름처럼 한 점 티 없이 맑고 청순한 삶을 이어 오신 내 어머니이시다. 어머니 묘소에서 더 머물고 싶었지만 그리고 오래도록 어머님과 무언의 대화를 나누고 싶었지만 식구들의 성화에 못 이겨 귀경을 서두르지 않을 수 없었다.

귀경길은 의외로 정체지역이 별로 없었다. 비교적 빠른 시간에 집에 도착할 수 있었다. 집에 들어온 나는 평소 거의 사

용하지 않는 거실장의 서랍을 열어 보게 되었다. 아, 그곳에서 나는 문득 어머니의 포근하고도 섬세한 체취를 재차 느껴 보는 행운을 얻게 되었다.

바로 내 어릴 적에 한(漢)학자이셨던 할아버지께서 내게 직접 전수시켜주신 한서(漢書)들이 고스란히 보존돼 있는 것이 아닌가? 사실 할아버지께서 남기신 한서들은 이루 헤아릴 수 없을 정도로 많았다.

하지만, 세월이 흐르면서 그 책들은 좀이 먹고 낡아지면서 하나하나 사라지기 시작했고 결정적으로는 어머니께서 고향집을 떠나오시면서 한학에 조예가 깊으신 친척아저씨께 모든 책들을 기증함으로서 할아버지의 작품들은 내게 전해진 것이 거의 없었던 것이다.

그런데 오늘 뜻밖에도 그 시절에 내가 익혔던 책들 중 일부가 어머님의 정성으로 다시 내게 전해지게 된 것이다. 나는 중학교 1학년 때부터 매년 겨울방학을 이용하여 할아버지로부터 한학을 익혀 왔다. 동네 형님들이나 아저씨뻘 되시는 분들과 함께 서당에서 정식으로 수업을 받아온 것이다. 온돌방의 맨바닥에서 몸을 좌우로 움직이는 율동에 맞춰 소리 내어 글을 읽는 정경(情景)은 지금도 아련한 그리움으로 다가오곤 한다.

이처럼 한문은 주로 소리 내어 읽는 성독(聲讀)을 해야 그 의미를 파악할 수 있다고 한다. 당시에는 요즘 책 읽듯이 눈으로 읽는 묵독(默讀)을 하는 것은 가장 낮은 수준의 독서라고 규정하였던 것이다.

아무튼 나는 훌륭하신 한(漢)학자를 할아버지로 둔 덕에 남들 보다 빨리 한학에 접근할 수 있는 기회를 잡았고 그때 터득했던 하나하나의 글귀들이 삶의 자양분이 되어 오늘의 나를 지탱시켜 준 것이라 확신한다.

그 당시 내가 익혔던 책들은 추구(推句)와 학어집(學語集), 그리고 명심보감까지였었다. 그러던 나는 고등학교에 진학하면서부터는 자연스레 한학과 거리를 두게 되었다. 지금 생각해 보면 그때 없는 시간을 쪼개서라도 소학(小學)이상의 한학을 터득하지 못한 것이 못내 아쉬움으로 남는다.

추구(推句)란 글자 그대로 싯구에서 가려 뽑아 놓은 책을 말한다. 한학(漢學)의 초보자들에게 정서 함양을 목적으로 아름다운 5언의 시를 추려 모아 놓은 것이라고 한다. 그러나 솔직히 말해 그 당시에는 자구 하나 하나의 의미를 터득하기 보다는 어떻게 하면 한 글자라도 더 많이 익힐 것인가에만 몰두했던 것이 사실이다.

마침 돌아가신 어머니의 정성으로 할아버지께서 친필로 작성해서 제작하신 그것을 통하여 내가 직접 교육을 받았던 바로 그 책이 오늘 이렇게 버젓이 존재하기에 그 시절의 기억을 반추해 보면서 책의 일부 내용을 음미해 봤다.

"白日 千年鏡, 江山 一畵屛"

(밝게 빛나는 해는 천년의 거울이요, 강산은 만고의 병풍이라)

"世事 琴三尺, 生涯 酒一盃"

(세상일은 석자 거문고에 실어 보내고, 인생은 한잔 술로 달래리)

저렇게나 오묘한 뜻이 담겨있는 저렇게나 맛깔스러운 문구들을 왜 당시에는 터득하지 못했을까? 변명 같지만 그 주된 이유는 아마도 철이 덜 든 나이 탓이리라. 다소 피곤하긴 했지만 의미 있는 하루를 보내고 새로운 주일(主日)을 맞이했다. 어머니와의 약속을 이행하기 위하여 집사람과 11시의 3부 예배를 보고 귀가했다.

어제 주말 산행을 못한 터라 몸이 찌뿌듯했다. 집에 들어오자마자, 부랴부랴 등산장비를 꾸려서 삼성산으로 향했다. 시간상으로 오후 2시가 다 됐기에 바로 집 뒤에 있는 모락산을 오를까도 생각했었지만 두어 시간 산행으로는 내 몸 상태를 정상으로 돌려보내기가 쉽지 않을 것 같아 삼성산을 택한 것이다.

삼성초등학교 옆의 산길을 들머리로 삼아 걷기로 하였다.

초록의 물결들이 끊임없이 출렁대는 산길을 따라 한 걸음, 한 걸음 걸어 나갔다. 땀이 비 오듯 쏟아져 내렸다. 땀이 쏟아져 내리니 마음이 통쾌하고 후련했다. 맑고 향기로운 바람을 타고 눈이 시리도록 푸른 산길을 걸으니 고갈된 에너지가 다시 솟는듯했다. 아, 문득 문득 푸른 계절에 우뚝 서 계셨던 내 어머니가 그리워졌다.

人心新歲月
春意舊乾坤
人心朝夕變
山色古今同
馬行駒隨後
牛耕犢卧原
竹筍尖如筆
松葉細似針
竹筍黃犢角
蕨芽小兒拳
歲去人頭白
秋來樹葉黃

내 어릴 적에 한(漢)학자이셨던 할아버지께서 내게 직접 전수시켜주신 한서(漢書)들이 고스란히 보존돼 있는 것이 아닌가? 사실 할아버지께서 남기신 한서들은 이루 헤아릴 수 없을 정도로 많았다.

그리움

하루하루의 분주한 일에서
손을 놓을 때면 무질서하게 흐르는
구름의 아우성이 들리고
맥 빠진 태양의 싸늘한 열기를 느껴야 한다.

어쩌다 혼자 있는 시간은
참으로 쓸쓸하다는 생각이 들지만
누군가를 그리워 할 시간이 주어진다는 것은
그나마 다행이다.

어느 해 겨울,
하얀 눈이 거리를 온통 뒤덮여 버렸던 날.
순결의 백색 눈 사이로 나타난 너는
시공을 초월하여 찾아드는 고독마저 잊게 했으니.

지금 나는 속세를 맴도는 모든 소리 중에서
오직 하나, 너를 진정 행복하게 해주는 소리만
들려주고 싶다.

또다시 한 해가 시작되었는가,
속절없이 나이금은 보태져만 가는데
그때 그 눈꽃처럼 그리움도 다시 피어나니
아직도 누군가를 그리워 할 수 있다는 사실이
오히려 경이롭기까지 하다.

때로는 마음속에서 지워야 할 사람을
그리워한 것이 아닌가하고 안타까워도 하지만,
멀찍이 떨어져서 지켜보는 것만으로도
그리움의 조건은 완성된다는 말을 믿기로 했다.

누군가를 그리워 한다는 것이
이처럼 행복한 일인지 미처 몰랐다.

어머니는 아버지 곁에 머무르신다

어머니의 산소는 아버지 묘소의 오른편에 자리 잡고 있다. 우리는 수년 전에 어머니의 가묘를 해드렸다. 어머니 가묘는 조부모와 아버지의 묘소와 함께 평소 어머니가 직접 관리해 오셨던 것이다. 아마도 어머니는 매년 빈 무덤자리를 주름진 손으로 어루만지시며 먼저 가신 아버지께

"이제 당신 곁으로 곧 갈 테니 조금만 참고 기다리시라."고 말씀하셨을 것이다. 그리고 더 이상 아버지를 오래 기다리게 하지 않고 저승의 강을 건너 그 무덤 속으로 내려가신 것이다. 결국 어머니는 오래전부터 당신이 영원히 머물 곳까지 정갈하게 관리를 해 온 셈이다.

그런데 나는 어느 날 어머니의 말씀 중에서 최대의 모순을 발견하게 되었다. 어머니는 늘 입버릇처럼 "당신께서 죽으면 화장을 해서 적당한 곳에 뿌려 달라."고 하셨다. 말씀은 그렇게 하시면서도 어머니는 당신의 묘소를 계속 관리해 오셨다. 이 모순된 현상을 어떻게 설명해야 할까? 그러나 정답은 의외로 쉽게 찾을 수 있었다. 어머니는 당신이 머물 장소를 결국 아버지 곁으로 정해 놓으셨으면서도 훗날 당신 묘지관리로 인한 자식들의 고생을 생각해서 그 속내를 감춰둔 채 말씀만은 그렇게 하셨을 것이다.

나의 흐릿한 기억으로는 어머니와 아버지는 금실 좋은 부부는 아니었던 것 같다. 가부장적 우산아래에서 어머니는 주로 피해자였고 어쩌면 아버지는 가해자였는지도 모른다. 아버지는 사람들을 집으로 끌어들여 술 마시기를 좋아했다. 술 손님들은 농번기이고 농한기이고, 낮 시간이고 밤 시간이고를 가리지 않고 몰려들었다. 그러면 그때마다 어머니는 술상을 차려 와야 했다. 당연히 집안이 조용할 리가 없었다. 할아버지께서는 긴 한숨만 내쉬고 타는 속을 안으로 삭이셨지만 어머니는 아버지를 향하여 몇 말씀 하셨던 것이다.

할아버지와 어머니의 잔소리가 듣기 싫으셨던지 아버지는

한 동안은 주막에서만 술을 드시기도 하였다. 아마 어머니는 술이라면 평생을 지긋지긋해 하셨을 것이다. 아버지가 그토록 좋아하신 술, 그 술로부터 어머니는 신물이 나게 데어버렸으며, 그로 인해 평생을 어두운 그림자를 드리우고 살아가야 하는 최대의 피해자가 되고 만 것이다.

그런데도 어머니는 아버지 곁으로 다가갔다. 오랫동안 지속되어 온 남성지배사회의 전통이 온몸에 배어서일까? 아니면 아버지에 대한 지나친 잔소리가 마음에 걸리셨을까? 그도 아니면 저승에서만큼은 남부럽잖은 금실 좋은 부부로 살고 싶으셨을까?

어두운 밤하늘에는 우리네 인생처럼 수많은 별들이 끊임없이 태어나고 죽어간다. 하나의 별이 사라질 때면 그별은 유성이 되어 이 땅에 떨어진다. 하나의 별똥이 떨어지면 한 사람이 죽어가는 것과 같다. 어머니는 내게 "크나 큰 별똥이 하나 떨어지면 반드시 큰 사람이 죽는다."고 말씀하셨다. 어머니가 세상을 떠나시기 전날 밤에도 분명 큰 별 하나가 유성이 되어 이 땅에 떨어졌을 것이다. 그만큼 어머니는 내게 큰 별이셨기 때문이다.

죽음은 너무나 당황스런 떠남이지만 오래 기다린 죽음은 그제야 출발하게 되는 먼 여행과도 같을 것이다. 어머니는 미리 떠나서 긴 시간을 기다려 준 아버지 곁자리로 가셨다. 머리를 긁적이며 찾아가는 쑥스러운 여행길에 오르신 것이다, 그 길고 어두운 어머니의 여행길이 아버지와 함께 이승에서의 불화를 완전히 씻어내고 금실 좋은 부부로 다시 태어나 편안해지시기를 기도해 본다.

모성의 바다

나는 바다가 없는 내륙, 전라남도 장성에서 태어나 자란 탓에 한 동안 바다를 모르고 살아왔다. 우연히 초등학교시절에 아버지를 따라 5일장인 영광장터에 가게 됐다. 험난한 산길을 따라 걷고 또 걸어 한 나절 이상을 걸어서 영광에 도착했는데 그때 처음 바다를 보게 된 것이다.

어린 나이였지만 가슴이 뛰었다. 마치 그리워하는 사람을 오랜만에 만나는 것처럼 가슴이 뛴 것이다.

그러나 몸으로 만나는 바다는 오늘이 처음이었지만 사실 내겐 이미 바다가 있었다. 오래전부터 동경해온 바다가 있었던 것이다. 바로 어머니라는 바다였다.

바다는 넓고 깊다. 어머니의 무한한 사랑과 은혜도 바다와 같이 넓고도 깊다. 먼 길을 흘러온 강물이 그 동안 품었던 온갖 시름을 다 잊고 조용히 침묵의 바다로 맡겨져야 하는 운명에 이르렀을 때, 바다는 강물의 맑고 탁함을 가리지 않고 여기까지 도도히 흘러온 강물을 그 넓은 품안으로 받아들인다. 어머니의 포근한 품처럼 아무 조건 없이 받아들인다.

한자의 바다 "해(海)"에는 어머니의 "모(母)" 자가 들어있다. 바로 이런 연유로 바다는 어머니의 또 다른 은유(隱喩)인 것이다.

기쁠 때 제일 먼저 달려가 자랑하고, 슬프고 고통스러울 때 마음대로 응석을 부릴 수 있는 어머니, 그러나 어머니는 늘 "아이고, 내 새끼!" 하시며 상상력의 깊은 동굴 속에서 울려오는 신비한 모음의 소리를 내신다.

흔히 어머니의 사랑은 지구상에서 가장 아름답다고 한다. 어느 책에서 본 기억이 있는 어머니의 지극한 사랑에 관한 슬픈 일화를 이곳에 올려 본다.

홀어머니를 모시고 살아가던 한 청년이 그만 교통사고를 당해

두 눈을 잃게 되었다.

청년은 어머니의 정성스러운 위로와 간호에도 불구하고

깊은 상실감에 빠져 있었다. 그러던 어느 날 한쪽 눈을 기증받게 되었다는 기쁜 소식을 듣게 되었다.

그러나 청년은 크게 기뻐하지 않았다고 한다. 두 눈을 다 기증받아 예전과 같아지기를 기대했기 때문이다.

"애야, 한쪽 눈이라도 어떠냐.
그래도 수술을 받으려무나."

청년은 어머니의 간청에 못 이겨 수술을 받았다.
그리고 붕대를 풀던 날, 왈칵 울음을 쏟아내고 말았다.
어머니의 한쪽 눈이 없었기 때문이다. 하지만 어머니는 아들을 보고 이렇게 말했다.

'애야, 두 눈을 다 주고 싶었지만,
이 다음에 앞 못 보는 어미를 네가 돌보아야 할 걸
생각하니 그럴 수가 없었단다."

모성애란 바로 이런 것이 아닐까? 한 치 앞을 내다볼 수 없는 불안의 시대를 살아가는 내게 눠라서 당당한 삶의 좌표를 제시해 줄 것인가? 하지만, 어머니는 이제 이 세상에 계시지 않는다. 답답한 노릇이다. 그러나 너무 답답해 할 일만은 아니다. 어머니는 이 세상을 떠나고 계시지 않지만 여전히 어머니는 이 세상에 머물러 계신다.

평화로운 고향땅 그곳에 어머니는 영원히 계신다. 그곳에서 말없이 우리들을 지켜보고 계실 것이다. 시작도 끝도 없는 아득한 세월을 두고 밤이나 낮이나 나를 샅샅이 지켜보는 눈, 역시 어머니이시다. 영원히 지워지지 않을 어머니의 영혼이 내 손바닥에 무늬로 남아 있다. 나는 그 무늬에서 오늘도 어머니의 체온을 온전히 느끼고 있다.

지금 나에게 어머니를 위해 단 한 문장의 말만 허용한다면 무슨 말을 할 수 있을까?

아마도 그것은 "어머니, 사랑해!"일 것이다.

이렇듯 어머니는 부르는 것만으로도 위로가 된다. 어머니의 눈물겨운 사랑을 확인하고도 눈물은 나지만 이제 나는 어머니를 위하여 아무것도 해드릴게 없다.

"어머니, 사랑해!", "어머니, 사랑해!"를 연발하며 밤하늘 가득히 공허한 소리를 지르며 참회록을 쓸 뿐.

어머니께 드리는 작은 글

(1)

어머니,

당신의 큰아들 정준 애비예요.

어머님을 뵌 지도 구정이후, 아직 이니까 벌써 4개월이 되어갑니다. 오늘이 어버이날이라고 하네요.

평소에는 바쁘다는 핑계로 따뜻한 전화 한 통 못 해 드리다가 어버이날이랍시고 낯 뜨겁게 편지를 띄우나 봅니다.

어머니,

오늘 문득 눈부시게 빛나는 봄날의 햇살을 바라보노라니

더욱 더 어머님이 그리워집니다.
사는 것이 무척이나 힘들고 어려웠던 시절에도
온갖 슬픔과 설움을 다 감춰버리시고
자식들 앞에서는 늘 화사한 웃음을 머금고 계시던
어머니의 모습이 안쓰러운 마음으로
새삼 솟구쳐 오릅니다.

어머니,
당신께서도 가끔은 아니, 눈만 감으시면
자꾸자꾸 고향 생각이 나실 것입니다.
저 역시 나이가 들어갈수록 향수에 젖는 시간이
늘어만 가고 있는데 어머님이야 평생을 그곳에서 살아
오셨으니 오죽하시겠습니까?

이렇게 녹음이 짙어 가는 계절엔 더없이 고향이 그립고
사람이 그리울 것이란 생각이 듭니다.
재작년이었던가요? 어머니와 제가 선영의 산소에서
벌초를 끝내고 고향집을 둘러보게 되는 시간을
가졌었습니다.
우린 무슨 생각이 났던지 고향집의 돌담을

뚫어져라 봤었습니다.
아, 그때 내게도 선연한 그 돌담의 풍경이 어머니에겐 얼마나 눈물겹도록 생생한 풍경으로 다가갔을까요?

지금도 고향 땅 그곳엔 진한 솔잎 색깔로 변해버린 계곡이 있을 것이고 그리고 그 계곡을 쓰다듬던 맑은 물소리가 묻어나올 것입니다.

그러나 어머님께서는 요즘 사람들이 흔히 사용하는 낭만이라거나 추억이라거나 하는 말들은 분명 사치스런 단어에 불과할 뿐일 것입니다. 그 이유는 자명합니다. 저희 자식들이야 어머니라는 큰 우산 속에서 근심. 걱정 없이 자라날 수 있었겠지만 어머니야 어디 그렇습니까?

어머니는 시대가 어머니 손에 쥐어 준 가난과 슬픔이라는 굴레를 한 시도 놓지 못하시고
꼭 쥐고만 사셨습니다.
머리에 수건을 고쳐 쓸 틈조차 없이 계곡으로 마루로 뜰로 마구 오르내리셨으니 말입니다.
그 때 우리는 청정하신 어머니의 마른 기침소리로부터

하루가 열렸음을 알게 되었으며, 온몸에 배인 어머님의 땀 냄새는 자식들이 느끼기에는 지독한 가난에서 묻어 나오는 땀의 냄새만으로는 설명할 수 없는 어머니만의 독특한 아름다운 향기였답니다.
결국 어머니의 그 자랑스럽고 아름다운 향기 덕에 이렇게 당신의 자식들이 무탈하게 자라날 수 있었을 것입니다.

어머니,
어두침침한 호롱불 아래 졸린 눈 비벼가며 해진 옷과 양말을 깁던 내 어머니,
저는 그때 단순히 옷을 입는 게 아니라 어머니의 정성과 사랑을 입고 있었던 것이었습니다. 어머니께서는 또 일찍이 홀로되신 할아버지를 지극 정성으로 모신 덕에 효부상도 받으셨던 걸로 기억됩니다. 그리고 부끄럽다며 멋쩍어 하신 모습도 생생히 떠오릅니다. 제가 봐도 어머니는 충분히 효부상을 받을만한 자격을 갖추셨습니다. 전혀 부끄러워 할 일도 멋쩍어 하실 일도 아니었답니다.

어머니,
어쩌다가 용돈을 드려도 한 푼 쓰지 않으시고 차곡차곡

모아서 다시 목돈을 만들어 아이들에게 내놓으시며 하시던 말씀
" 내가 무슨 돈이 필요하냐?
너희들이 다 먹여주고, 재워주고, 입혀주는데"

정말이지 저는 이런 말씀을 들을 때마다 안타깝기도 하고 어머니가 원망스럽기까지 했답니다. 가끔 가뭄에 콩 나듯이 생색내기 식으로 몇 푼씩 주는 용돈마저 거부해 버리신다면 결국은 자식들이 어머니의 얼굴을 정면으로 쳐다볼 수도 없게 만드는 꼴이랍니다.

어머니,
저희들도 이제 어머니의 근검하신 생활철학을 본받아서
남부럽지 않은 삶을 영위하고 있으니
제발 이제부터는 그 고집만은 거두어 주시길 바랍니다.

어머니,
저는 아무도 기억해주지 않는 어머니의 일생을 사랑하렵니다.
이 나이에도 인자하시고 슬기로우신 어머니 앞에서는 반쯤 기대고 싶은 생각이 드는 이유는 무엇일까요? 그것은 필시 어머

니는 제게 생명의 언덕이고 뿌리이기 때문일 것입니다.

어머니,
모처럼 어버이의 날을 맞아 효자인척하며 두서없는 글을
올렸습니다.
아무런 형식을 따지지 않으시고 자식들의 얘기라면
그저 들어만 주시던 그런 마음으로 편안하게 읽어 주시길
바랍니다. 어머니, 이 글을 올리기 바로 전에 전화를
드렸습니다만, 경로잔치에라도 가셨는지 안 받으시네요,
그럼 또 연락드리겠습니다.
우리 어머니, 부디 만수무강하시기 바랍니다.

어느 해 어버이날에

(2)

어머니,
화사한 꽃과 천진한 어린 아기의 미소와
포근한 어머니의 사랑은 지옥에서나 천당에서나
공통적으로 인정받는 매우 소중한 것들이라 들었습니다.
이토록 소중한 어머니의 사랑을
항상 받기만 한 채, 키워주셔서 감사하다는
그 흔한 말 한마디 못하고 살아온 저였습니다.

어머니,
선명하진 않지만 어렴풋이 떠오릅니다.
대체적으로 모두가 혹독하게 가난했던 시절,
항상 배고파하는 제게 햇고구마를 삶아
입에 넣어주시던 당신, 그때 저는 보았습니다.
고달픈 삶의 향기가 묻어나는 당신의 얼굴을..

제가 아마 초등학교 6학년쯤 되었을 것입니다.
늦게 태어난 동생이 두 살 되던 해, 이름 모를 병으로
다시는 돌아올 수 없는 하늘나라로 떠나버리던 날
그때 저는 들었습니다.

당신의 소리 죽여 흐느끼는 속울음 소리를..

유난히 술을 좋아하시고 사람을 좋아하셨던 아버지,
다른 사람들에겐 항상 관대하고 멋있어 보였지만
어머니에겐 고생만 시키는 무능한 남편이었습니다.
그런 남편이 뇌졸증으로 쓰러져 오랜 세월을
병석에 누워있을 때,
저는 보았습니다.
좋은 약을 해드리지 못하는 안타까움에
흐르는 당신의 눈물을....

제가 결혼을 하고 얼마 아니 돼서
조그만 아파트를 구입하고 당신을 초대했습니다.
그때 저는 보았습니다. 몇 번씩이고 저를 쳐다보며
마냥 대견해 하시는 당신의 모습을

어머니,
이제 저도 지천명의 나이를 훨씬 뛰어넘었고
당신은 구순이 넘은 백발 할머니가 되셨습니다.
그러나 지금도 저는 느낄 수 있습니다.

당신께서 제 걱정에 항상 마음 조이고 있다는 것을

태어나서 지금까지 성장해온 동안,
내 몸 어느 한곳이라도 당신의 사랑이 배지 않은 곳이
어디 있겠습니까?
참으로 긴긴 모정의 세월이었습니다.
바로 그런 당신이 나의 어머니이십니다.

(3)

가슴이 답답하고
산다는 것이 힘이 든다고 생각될 때면
끊임없이 출렁대며 재잘대는 초록들을 바라보자.

그리고
푸른 계절에 우뚝 서 계신
어머니를 불러보자.

너무나 멀리 흘러 가 버린 유년시절,
아련한 기억의 한켠에서 일깨워지는
어머니의 사랑은 애틋하다 못해
안타까움에 가슴팍을 짓눌러온다.

그렇다. 화사한 꽃과
앙증스런 어린 아기의 미소가 그러하듯이
뽀송뽀송한 이부자리같이 포근했던
어머니의 사랑은 늘 소중하기만 했었다.

앞산의 황토밭과 굽이굽이 고샅길은

가난이라는 한을 품고 살아 온 한 여인의
삶의 발자취였었다.

연약한 팔로 혼신의 힘을 모아
돌확에 보리쌀을 갈던 소리를 어찌 잊을 수
있겠는가,

젖은 나무에 피어나는 연기는 또 어떤가,
아궁이 앞에 쪼그려 앉아 짜내시던
그 서러운 눈물의 의미는 수북한 고봉밥으로
배불리 살아가라는 모정의 징표였으리라.

그러는 어머니는 아름답기만 하셨다.
어쩌다 외출이라도 하시는 날이면
긴 머리 곱게 틀어 올려 동백기름을 바르셨고
그 정갈함에서 묻어나오는 향기는
곱고도 순박한 여인들의 향기, 바로 그것이었다.

울다가, 울다가
더 이상 흘릴 눈물샘 조차 말라버린
어머니의 소리 없는 속울음은 철없는 자식들에겐
한없이 인자한 웃음 정도로만 비춰졌을 것이다.
지금도 그러는 여인을 내 어머니라 부를 수 있어
행복하다.

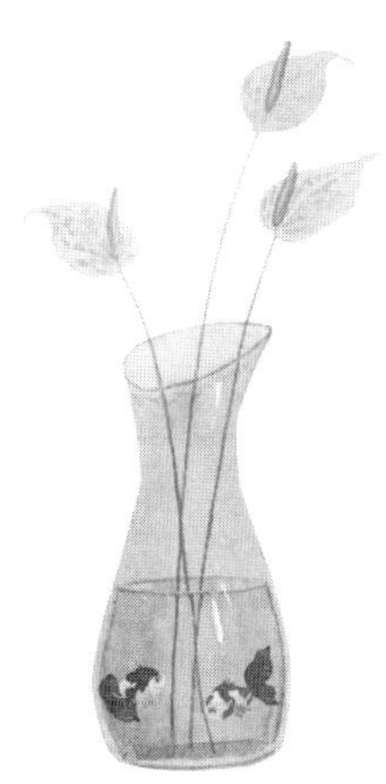

부르는 것만으로도 행복해지는 한 영혼에게

어머니,

토실토실한 오동나무에 매달린 넓지 막 한 잎새들이 한 잎, 두 잎 황갈색으로 변해가는 것을 바라보면서 문득 가을이 깊어가고 있음을 눈치 채게 되었습니다. 비가 개인 뒤 겨울을 재촉하며 부는 바람은 스산하다 못해 명치끝까지 시려오곤 하지만 흐릿한 유년의 기억이 한꺼번에 되살아나는 하늘은 눈부시도록 맑습니다. 푸른 하늘 아래 세상은 눈이 닿는 곳마다 연한 구름이었으며 구름은 호수에 이는 잔물결처럼 일고 산은 외롭게 떠 있었습니다. 마치 그 산은 구름의 바다를 떠도는 외로운 조각배 같았습니다.

어머니,

어머니께서 제 곁을 떠난 지도 벌써 8개월이 다 되어갑니다. 어머니가 계시지 않은 지난 8개월은 제겐 참으로 힘들고 어려운 일이 많았습니다. 길고 긴 인생여정 중에서 유독 그 세월만 힘이 들고 어려웠겠습니까만, 그것은 아마도 어머니가 제 곁에 계시지 않았기 때문일 것입니다.

어머니,

오늘 나는 낯설게만 느껴지는 고즈넉한 평화와 적막의 한가운데서 조용히 어머니의 이름을 불러봤습니다.

이름을 부르는 것으로도 행복해지는 나를 발견할 수 있기 때문입니다. 그리고 어머니와 함께 했던 어린 시절로 시간여행을 떠났습니다.

어머니, 참으로 이상합니다. 살아계실 땐 어머니의 말을 귀담아 듣지도 아니하고 말벗도 못되어 드리는 불효를 저지르더니 아이들이 속을 썩일 때나 무슨 일이 잘 안 풀릴 때면 염치없게도 어머니를 찾게 되니 말입니다.

사실은 요즘 들어 부쩍 어머니가 그립지만 따지고 보면 제가 당신을 그리워할 자격이나 있는지 모르겠습니다.

어머니,

어머니께서는 6.25전쟁이 끝나갈 무렵에 뱃속에 나를 넣고 만삭의 몸으로 이곳저곳 안전한 곳을 향하여 피난을 다니셨습니다. 그리고 무사히 잘 키워주시고 가르쳐 주셨습니다. 먹고 살 일이 가장 중요할 때 어머니는 광의 쌀독이 줄어들 즈음엔 가슴이 철렁했습니다. 늘 쌀독에 쌀이 떨어질까 봐 전전긍긍하셨으며 훗날 자식들이 어머니 곁을 떠나 있을 때에도 자식들에 대한 안부는

"밥은 제대로 먹냐 어쩌냐?"라고 하시며 밥으로 시작해서 밥으로 끝났습니다.

어머니,

지금도 생생합니다. 세무서의 밀주조사가 서슬 퍼렇던 시절에 어머니는 누룩을 발효시켜 술을 담그셨습니다. 누룩 뜬 내가 방안에 진동하면 급히 환기를 시키시고 아무도 몰래 대나무밭으로 독을 옮기셨습니다. 그 술을 담그셔야만 품앗이 인부들에게 돈을 주고 사야하는 양조장 술 대신 찬거리나 반주로 제공할 수 있기 때문이었습니다. 어머니의 술 담는 솜씨는 온 동네가 자자할 만큼 일품이었습니다. 맛깔스러운 그 술맛 때문에 우리 집 일을 하러 온다고 하는 사람도 있을 정도였으니까 말입니다.

어머니,

어머니와 함께 맞이했던 유년의 겨울에는 지붕 위를 지나가는 밤바람소리가 요란스레 귓전을 울렸고 여름엔 시원하게 떨어지는 장맛비소리를 들으며 더위를 이겨내기도 했었습니다.

어머니의 정갈하신 성품에 맞게 잘 정돈된 된장독이 즐비한 장독대는 언제 꺼내보아도 싫증나지 않는 그리운 고향집의 흑백사진이었습니다.

어머니,

어머니는 상당히 과묵한 성품을 지니셨습니다. 해서, 웬만하면 자식들에게 잔소리를 하지 않으셨습니다. 잔소리는 물론이고 화내실 일이 있어도 잘 삭이셨습니다. 그런데 한 번은 불같이 화를 내신 적이 있었습니다.

무슨 일이었는지 기억은 잘 나지 않지만 나로 인해 몹시 화가 나신 것만큼은 틀림없었습니다. 아마 내가 무슨 사고를 친 것 같습니다. 사고를 치고 어머니가 무서워 도망을 쳤습니다. 채마밭을 향하여 뛰다가 다시 울타리를 넘어 이웃집으로 도망갈 심산이었습니다만, 중도에 내 계획은 수포로 돌아가고 말았습니다. 문제는 채마밭과 울타리 사이에 있는 한 그루의 뽕나무 때문이었습니다. 기형적으로 둥글게 휜 뽕나무줄기가 나를 포로로 만들어 그 안에 가두고 있다가 어머니께 그대로 인계하고 만 것입니다.

나는 뽕나무 줄기에 갇혀 어머니로부터 모진 매를 맞아야 했습니다. 아마 평생 그런 매는 맞아보질 못했습니다.

"이 바보야! 도망을 칠거면 제대로 쳐야지, 하필 그곳이냐?"

그 일로 해서 나도 울었고 어머니도 울었습니다. 나는 매가 아파서 울었고 어머니는 도망도 못가고 붙잡혀서 매를 맞은 내가 안타까워서 울었습니다.

어쩜 그때 어머니가 드셨던 회초리가 제겐 처음이자, 마지막인 것 같습니다. 그 후로 내가 성인이 되고서는 “담배 끊어라.” “술 좀 적게 마셔라.” “일찍 귀가해라.” 정도의 잔소리가 고작인 것 같습니다.

하지만, 어머니가 계시지 않은 지금 생각해보니 그 잔소리가 그립습니다. 그 잔소리마저 몹시 그립습니다.

어머니,

논에 덕석을 깔고 홀태로 나락을 훑던 때 그리고 무엇인가를 머리에 가득 이고 집으로 들로 무거운 다리를 질질 끌며 걸어 다니실 때 나는 어머니의 다리를 보면서 안타까워한 적이 많습니다.

어머니의 여리고 가는 실핏줄 때문에 어머니는 다리가 아프셨습니다. 틀림없이 나는 저 핏줄로부터 태어났을 것이 분명한데 어머니의 다리를 보면서 안타까운 마음이 들지 않는다면 그것은 자식도 아닐 것입니다.

불쌍한 내 어머니, 대대로 봉사와 희생의 삶을 강요당한 끝에 어머니는 고유의 입맛마저 잃어버리고 남편과 자식들의 입맛에 맞춰졌을 것입니다.

어머니,

나는 내 어린 시절을 하나도 잊지 않고 모조리 기억하고 있는데 어머니는 왜 처음부터 어머니인 것으로 알고 있었을까요? 어머니는 분명 여성으로 태어나 어머니로, 부인으로, 며느리로 살다가 여성으로 돌아가셨는데도 말입니다. 남편복은 없었지만 자식복이라도 많으셨어야 했는데 돌아가시는 날까지 성이 안차셨으리라 봅니다.

그렇다고 이제 어떡합니까? 아무리 후회해도 소용없는 일입니다. 가슴을 치고 통곡을 해도 소용없다는 걸 저는 잘 압니다.

어머니,

나는 오늘도 들떠있고 신경질적이고 어수선하고 천박한 시대에 갈증의 바다 앞에서 있습니다.

만약에 어머니를 이 담에 만나게 된다면 나는 세상사 중 딱 한 가지 억울했던 그 일을 일러바치고 엉엉 울겠습니다. 그리고 어머니 젖가슴도 만지고 눈 맞춤도 해보고 어머니라고 소리 내어 불러보고도 싶습니다.

어머니,

어머니는 어머니의 어머니, 그 어머니에 대하여 가끔 죄송스러워 하셨습니다. 어려운 형편에서 외할머니를 그렇게나 지극정성으로 공경해드렸는데도 미안해하시는 걸 보면서 어머니께 해드린 것이 뭐냐고 물을 때 별로 대답할 것이 없는 저희 자식들로서는 석고대죄라도 드려야 할 듯 싶습니다.

어머니,

세상에 섬길 어른이 없어졌다는 것은 이승에서의 가장 처량한 나이인 것 같습니다. 어른이 없으면 돌아갈 고향도 없는 쓸쓸함 뿐입니다. 아, 내 정수리를 지그시 눌러 줄 어머니가 없다는 이 허전함. 다시는 어머니를 만나 뵐 수 없다는 사실이 도무지 믿어지지가 않습니다.

그러나 지금도 어머니는 돌아가셨지만 어머니는 여전히 밤 하늘에 뜬 별이 되어 지상의 나를 내려다보고 계십니다. 아니 어머니는 지금 내 방에도 계십니다. 방긋이 웃고 계십니다. 내 눈앞에서 생생하게 살아 움직이시는 어머니는 살아있는 누구보다도 가깝게 계십니다. 어머니가 돌아가시고 나는 당신의 사진을 서재의 내 옷걸이 뒤 벽에 모셔두고 있습니다. 옷을 입으면서도 보고 옷을 벗으면서도 보기 위해서입니다. 어머니는 지금 바로 서재에 계시면서 나를 끝까지 지켜주고 계십니다.

어머니,

태어나서 지금까지 성장해온 동안, 내 몸 어느 한곳이라도 어머님의 사랑이 배지 않은 곳이 어디 있겠습니까? 저는 그동안 지금껏 훌륭하게 키워주셔서 고맙다는 그 흔한 말 한마디 못해 드렸습니다.

뒤늦게나마 절절하게 말씀드립니다. 이렇게라도 해야 다음에 내가 죽어 하늘나라에서 어머님을 만난다면 조금은 덜 미안할 것 같습니다.

"어머님, 낳아주시고 키워주셔서 정말 고맙습니다."

눈에 익은
어머니의 옥양목 겹저고리

젊어서 혼자 된
어머니의 멍울진 한(恨)을
하얗게 풀어서 향기로 날리는가

"얘야,
너의 삶도 이처럼 향기로우렴."

어느 날
어머니가 편지 속에 넣어 보낸
젖빛 꽃잎위에
추억의 유년이 흰나비로 접히네.

어머니, 분명 부르는 것만으로도 행복해 지는 이름이다. 어머니를 마음 놓고 부르다 보니 이 해인 수녀님의 "치자꽃"이란 글이 떠올랐다.

"얘야, 너의 삶도 이처럼 향기로우렴."

어디에선가 영락없는 어머니의 목소리가 들려왔다.

03

산 안에 내가 내 안에 산이

가슴앓이

청량한 바람이
큰길가 은행나무에 걸쳐 앉아
머무는 것을 보고서야
비로소 초록의 가슴앓이가 끝났음을
알았다.

그러나 아무리 계절이 바뀐다 해도
또 다른 계절의 이름으로 가슴앓이는
계속된다.

흐르는 세월 속에
눈에 보이지 않는
바람을 가슴으로 느끼며
코스모스 산들거리는 들녘으로
달려 나가 폴짝폴짝 뛰어보고 싶다.

이 가을을 맞아,
우리 모두가 앓고 있는 시린 고통들을
달콤한 사랑이라는 이름을 붙여

높은 가을하늘을 선회하는 한 점 아름다운
구름으로 피어나게 할 수는 없는 것일까?

앙상한 나뭇가지 사이로
싸늘한 바람이 불어들기 전에 허물어져 가는
소망과 그것을 바라보는 고독을 추슬러서
또 다른 계절을 맞이할 준비를 단단히 해둬야겠다.

산 안에 내가, 내 안에 산이

내겐 오랜 시간 산길을 걸으면서 터득한 것이 하나 있다. 산길을 통해 터득한 것이 어디 하나 둘뿐이겠는가 마는 그 중 무엇보다 소중하고 값진 것이 하나 있다. 그것은 세상에 존재하는 모든 것들은 울림이 있다는 사실이다.

산에 오르는 사람은 많다. 하지만 산을 아는 사람은 그리 많지 않다. 산을 안다는 것은 산 맛을 안다는 것이고, 그것은 바로 마음을 열고 산길을 걷는다는 것을 의미한다. 산길을 발로 걷지 않고 마음으로 걸으면 자신을 느끼고 이 세상에 존재하는 것들을 모두 온전하게 느끼게 되는 것이다.

즉, 모든 존재들은 울림이 있다는 사실을 알게 되고 그들의 미세한 울림까지도 더욱 분명하게 느낄 수 있는 것이다. 숲과 풀과 꽃들의 작은 움직임과 떨림을 느끼고 바람이 숲을 만나는 소리를 들으며, 조각구름의 흐름과, 새들의 날갯짓까지도 몸으로 느끼고 만나며 그것들과 소통하는 것이다.

콘크리트 문화에 길들어진 속세에서는 누구나 마음이 닫혀 있을 수밖에 없다. 물론 속세를 떠나 자연과 만나는 시간에도 한동안은 닫혀있기 마련이다. 그러나 언제부터인지 나는 항상 열려있는 마음으로 산길을 걷기 시작했다.

물론 나 역시도 산에 대해 자세히 모르는 초보시절에는 마음을 열 수가 없었다. 산행이랍시고 그저 다른 사람들을 따라 떠들기도 하고 뛰기도 하고 별 의미 없이 다녔었던 것이다.

산길을 따라 거닐면서 어느 순간에 비로소 울림을 느끼게 되면 원하던, 원치 않던 우리가 살아가는 세상의 안타까운 자화상들까지도 동시에 느껴지기 마련이다. 소위 현대인들은 순수하게 제 마음과 몸으로 살아가지 못하고 있다.

모든 것을 문명의 이기(利器)라는 기계에 의존하며 살아간다. 물론 그 기계를 이용하면 더 없이 편한 것이 사실이다.

불과 몇 발짝만 움직이면 될 것을 굳이 자동차를 이용하고, 무슨 그리 급하고 중요한 일이 많은지 휴대폰이 없으면 좌불

안석이다. 어쩌다 인터넷이 안 되는 곳에 있게 되면 세상과의 모든 소통이 단절되는 듯이 생각한다.

전자계산기는 어떤가? 젊은 날 우리는 일상에서 벌어지는 숫자와 관계되는 모든 계산은 주판을 이용하여 더하고, 빼고, 곱하고, 나누어왔다. 주판을 이용하는 계산을 자주 하다보면 손놀림이 유연해지고 수(數)에 대한 개념파악도 쉬워지고 머리회전도 빨라지는 등 여러 가지 이점이 많은 것이 사실이다.

우리가 그토록 애용해 왔던 주판은 언제부터인가 전자계산기가 보급되면서 이제 골동품이 돼버렸고 모든 계산을 전자계산기에 의존하게 되었다. 그러다 보니 오랜 세월동안 흥얼거리며 즐겨 사용해왔던 구구단마저도 이제 뇌리에서 사라져버릴 판이다. 정말 두려운 일이다.

노래방은 또 어떤가? 그 동안 우리가 즐겨 불렀던 노래의 대부분은 추억의 노래였고, 사랑의 노래였으며, 때로는 희망의 노래가 되어 뭇사람들의 심금을 울려주기에 충분했었다. 노랫말 하나하나 그 자체가 한 편의 시였고 한 편의 추억이었고 한 편의 사랑이었으니 말이다.

그러나 작금에 들어와 노래방 문화에 길들여지면서 우리는 그 소중했던 노랫말들을 하나하나 잊혀가고 있는 것이다. 한마디로 우리들의 뇌가 녹슬어가고 있으며 그 맑았던 정신이

삭막해지고 황폐화되어 가고 있는 것이다.

어쩔 것인가? 이제는 어쩔 수 없다고 강변만 할 것인가?

기계의 논리에 사로잡혀 문명의 이기물들이 멈춰 버리면 우리들의 삶도 필연적으로 멈추게 된다. 옛 것을 되찾기에는 우린 너무 많이 와 버렸고 너무 많이 잊어버린 것이다. 이것이야말로 오늘을 살아가는 현대인들의 슬픈 자화상인 것이다.

우리 인간이 만들어 내면서 그토록 자랑했던 문명의 이기(利器), 이제 우리가 그 기계의 노예가 돼가고 있다. 그 기계의 노예로부터 풀려나오기 위하여 그 기계로부터 보다 멀어지기 위하여 옛 것을 보다 오래 보전하기 위하여 나는 오늘도 자연이 내게 주는 신비한 울림들을 맛보며 산길을 걷는다.

그 산 안에 내가 있고, 내 안에 산이 있기에.

거친 길이 아름답다

그동안 산행을 통해서 느껴왔던 것은 "산길은 우리의 인생 여정과 매우 흡사하다."는 것이다. 산길에는 오르막길과 내리막길이 거의 동시에 존재한다. 그런데 오르막길을 오르는 것은 당연히 어렵고 참기 힘든 고통이 따르기 마련이지만, 그 길은 인간의 길이고 정상에 이르는 길이다. 내리막길은 오르막길에 비해서 다소 쉽고 편안한 길이지만 오르막길에서 느낄 수 있는 쾌감이나 성취감이 훨씬 덜하다. 또한 산길은 반드시 오르막길을 오르면 내리막길이 나타나기 마련이고, 반대로 내리막길을 걸으면 언젠가는 오르막길을 만나게 된다.

그러므로 오르막길을 오른다고 해서 너무 힘들어 하거나 불평을 늘어놓을 일은 아니며 반대로 내리막길을 걷는다고 해서 너무 안이하게 생각할 일 또한 아닌 것이다.

우리네 인생여정도 마찬가지이다. 산모(産母)가 모진 산고(産苦)를 겪지 않고서는 아름다운 옥동자를 분만할 수 없듯이 인간은 근본적으로 산길의 오르막길에 해당하는 이 고통을 통하지 않고서는 아름다울 수 없다. 사랑도 그렇다. 고통 없는 사랑은 없다. 사랑이 시작되면 일순 행복만 따를 것 같지만 고통도 동시에 시작된다는 것을 알아야 한다. 고통이 없으면 이미 사랑이 아니다. 이 세상을 아름답게 하는 모든 색채가 고통에 의해서 이루어지는 것이다.

한마디로 고통 없는 인생은 존재하지 않는다고 해도 과언이 아닌 것이다. 따라서 가능한 한 고통을 평안하고 아름답게 바라볼 수 있어야 하고 따뜻하고 부드럽게 어루만질 수 있도록 노력해야 한다.

고통을 모르는 사람은 이미 죽은 사람이나 다름없다고 한다. 죽은 사람은 손가락 하나 발가락 하나 까딱하지 않기 때문이다. 따라서 죽은 사람은 고통을 느낄 수가 없다. 오직 산 사람만이 고통을 느낄 수 있는 것이다. 다시 말해 고통은 살아있다는 것이다. 살아가면서 고통이 없기를 바라는 것은 산에 올라가지도 않고 산의 정상에 오르기를 바라는 것과 같다. 산길도 마찬가지다. 편안한 산길은 이미 산길이 아니다. 거친 가시덤불을 헤치고 험한 바윗길을 지나면 비로소 아름다운 세상이 보이기 시작한다. 이처럼 산길은 거친 길이 있어야 아름다운 것이다.

산길은 한 걸음 한 걸음이 중요하다. 그 한걸음 한걸음이 모여서 정상까지 오르게 되는 것이다. 한꺼번에 몇 걸음 뗀다고 해서 정상에 올라가는 것이 아니다. 인생도 마찬가지다. 우리네 인생여정에서는 때로는 상식과 순리를 무시하고 몇 걸음씩 건너뛰거나 심지어는 날아오르려는 사람들도 있다. 어느 소설가가 역설적으로 "추락하는 것은 날개가 있다"고 하였지만, 날개도 못 갖춘 사람이 날아오르려다 여지없이 추락하는 꼴을 보노라면 그 무모한 욕심이 실로 안타까울 뿐이다.

우리가 사는 이 세상은 참으로 부끄러울 때가 많다. 때로는 오만과 독선으로 오직 나 자신만을 지탱하려 한 적도 있을 것이다. 그러나 산길만 접어들면 그 모든 악의 축들이 사라지고 마음이 한결 청량해지고 겸허해지는 것을 느낄 수 있다. 마찬가지로, 산길에서만이 아니고 인생의 모든 길, 어디에서나 마음을 가볍게 하고 산길처럼 걷는다면 스스로 겸허해지는 자신을 발견할 수 있을 것이다.

산길은 또한 인생길과 마찬가지로 다른 사람이 대신해서 걸어 줄 수 있는 성질의 것이 아니다. 다른 사람의 도움을 받는다 하더라도 결국은 나 자신의 힘과 노력으로만이 산을 올라갈 수 있게 해준다. "독수리와 거미"에 관한 우화를 보면 다른 사람의 힘에 의해 이루어진 성공은 한 순간에 지나지 않는다는 것을 알 수 있다.

어느 날 용맹스러운 독수리 한마리가 반드시 정상에 오르리라 결심하고 산에 오르기 시작했다. 그러나 독수리는 산에 오르는 것이 너무 힘들어 번번이 날개를 늘어뜨리고 땅위로 내려오곤 하였다. 하지만 독수리는 끝까지 포기하지 않고 끈질긴 도전정신으로 마침내 산의 정상에 다다랐다.

정상엔 마침 커다란 나무 한 그루가 우뚝 서 있었다.

독수리는 날개를 활짝 펼치고 그 나무의 가지위로 사뿐히 날아가 앉았다. 독수리는 어려운 일을 해냈다는 성취감에 가슴이 저절로 벅차올랐다.

그때였다. 독수리를 보고 낄낄거리는 웃음소리가 들려왔다. 주위를 살펴보니 어니서 나타났는지 작은 거미 한마리가 나뭇가지에 붙어서 계속 낄낄거리고 있었다.

"아니 이 높은 산에 네가 어떻게 올라왔니?"

너무 신기하여 독수리가 물었다.

"응 난 네 날개아래 붙어서 힘 안들이고 편안히 올라왔지."
거미가 교활한 목소리로 대답했다.

독수리는 어처구니가 없어 거미를 내려다보았다. 이때 갑자기 강한 바람이 불어왔다. 독수리를 보고 계속 낄낄거리며 웃음을 그치지 않던 그 거미는 천 길 낭떠러지로 내동댕이쳐지고 말았다.

모름지기 산길을 걸을 땐 끝이 없다고 생각하고 걷는 것이 편하다. 끝을 생각하지 않고 무작정 걸어 나가면 온갖 잡념이 다 사그라지고 마음이 풍요로워진다. 한 참을 걷다가 뒤를 돌아다보자. 지나온 산길이 뚜렷이 보인다. 저 뚜렷이 보이는 산길처럼 지나온 내 인생여정도 투명하게 보였으면 좋겠다는 생각이 든다. 우물쭈물 살아 온 내 인생을 통렬히 반성할 수 있도록 말이다.

또한, 산길을 걷다보면 가끔씩 험한 바위를 만나게 된다. 이때 누군가가 설치해 놓은 밧줄에 의지해 암벽을 오르다보면 미끄러지지 않도록 밧줄에 촘촘히 매듭이 매어져 있는 것을 볼 수 있다. 참으로 고마운 일이다. 산길 뿐 아니라 인생여정에서도 험한 길을 만날 때, 내 삶도 맥없이 추락하지 않도록 이런 매듭이 군데군데 매어 있었으면 좋겠다는 생각을 하게 된다.

어디 그뿐이랴. 지루한 산길을 걷다가 갈림길을 만났다. 내가 가야 할 방향을 명쾌하게 알려주는 길라잡이가 눈에 띄면, 무척이나 반갑고 고맙게 느껴진다. 내 인생여정도 험난하고 거친 길을 만나 방황하고 있을 때 저 산길의 길라잡이처럼 친절하고 선명한 인생의 길라잡이가 있어주길 바란다.

그리하여 사람의 길이 아니면 가지 못하게 하고 언제나 바른 길만 뚜벅뚜벅 걸어가게 해줬으면 좋겠다는 생각을 몇 번이고 해보게 된다. 기왕 내친김에 사랑이라는 이름의 통행로로 가는 길라잡이도 있었으면 좋겠다. 잘못된 사랑 때문에 힘들어 하고 있는 수많은 사람들을 생각해보면 이 또한 필요하지 않겠는가.

마지막으로 산에 오를 때 산을 보다 높이 오르기 위해서는 현재의 위치보다 더 아래로 내려가서 올라야 한다. 예를 들면, 현재의 위치보다 100m 더 내려가서 산 정상에 오르면 결국 현 위치에서 오르는 것보다 100m 더 높이 오르게 되는 것이며, 200m 더 내려가서 정상에 오르면 200m 더 오르게 되는 것이다. 다시 말해 몸을 낮춘 만큼 더 높이 오르게 되는 것이다.

인생여정도 마찬가지다. 우리가 여러 사람과 인간관계를 맺고 활동하면서 자세를 낮추면 일견 손해를 본 느낌이 들지 모르겠지만 기실은 그렇지 않은 것이다. 자세를 낮춘 만큼 더 높이, 더 달리 보이는 것이다.

이처럼 산길과 인생길은 너무 닮은꼴이다. 산에 인생이 있다는 말은 어떤 과학의 이치보다 명징(明徵)하다.

거친 길을 찾아 떠나는 하루산행

오늘은 또 어떤 산을 찾아 나설 것인가? 바람이 다소 차게 느껴지는 새벽녘에 잠자리를 박차고 일어나 창밖을 주시해봤다. 그리고 창속으로 쏟아져 들어오는 무수한 별빛들을 바라보았다. 그로부터 얼마 후 어둠이 걷히며 거실 가득히 스며들어오는 아침 햇살의 아름다움에 취했다. 그리고 한 평생의 삶이 활동사진처럼 스치고 지나갔다. 그렇다. 삶이란 태어나서부터 이렇듯 먼 곳으로의 끝없는 여행인지도 모른다.

결코 짧을 수 없는 단 하루의 여정일지라도 편안한 마음으로 누구의 소유도 아닌 오직 자연에 대한 경이로움만을 간직한 채 길을 떠난다. "대지로 돌아가라!"라는 말이 있듯이 동양의 신앙은 산하대지를 신성한 존재로, 귀의(歸依)의 대상으로 삼고 인간과 환경과의 조화를 강조하였다.

그러기에 그곳에는 인간의 길이 있다. 하지만 인간의 길이라는 그곳의 정상에 이르는 길은 많은 고통이 수반된다. 정상에 다다른듯하면 또 내림 길이 있으며 내림 길 다음에는 필연적으로 봉우리가 하나 더 솟구쳐 있다. 마치 산에 오르는 사람들의 인내를 시험하는 듯 그렇게 몇 차례를 거듭하고 나서야 비로소 산은 정상에 오르는 길을 허락하여 준다. 그러나 그 고통의 뒤에는 사람의 길이 있기에 고통이상의 아름다움이 있기에 나는 오늘도 그 길을 찾아 떠난다.

그 동안 나는 산림청이 지정한 "100대 명산"을 비롯해서 모두 560여 개 산의 산길을 걸었으며 민족의 등줄기인 백두대간의 종주도 마쳤다. 따라서 모든 산의 느낌을 일목요연하게 정리해서 펼쳐보이고도 싶지만 언젠가는 그럴 날이 오리라 믿으며 지금은 산행기만을 모아 출간하는 것이 아니니만큼 지면이 허락하는 범위 내에서 특별히 기억하고 싶은 몇몇의 산과 백두대간의 마루금 중 일부를 선별적으로 골라 그날의 느낌을 재생해보고자 한다. 아울러 내가 지금까지 집안일에 얽매이지 않고 마음 편히 산행을 할 수 있었던 것은 전적으로 내 대신 집안일을 묵묵히 수행해준 사랑하는 내 아내의 이해와 도움의 덕이 아니었나 생각하면서 이 자리를 빌려 다시 한 번 아내에게 고마운 뜻을 전하는 바이다.

세월의 이름으로, 역사의 이름으로

강진 만덕산

봄은 어디쯤 오고 있을까? 봄은 두 말할 것도 없이 남녘으로 부터 올라온다. 이른 봄 남도 특유의 부드러운 햇살과 산들거리는 바람결 등이 남도의 정서를 잘 빚어내면서 힘차게 올라오고 있는 것이다.

남녘의 포근한 날씨와는 상관없이 요 며칠, 서울에는 맵고도 시린 추위가 시샘을 부리고 있었다. 이른바 꽃샘추위, 얼핏 그 이름만 들으면 꽃처럼 향기로울 것 같은 추위, 아리땁게 피어나는 꽃들을 그냥 보아줄 수는 없는 것이었을까?

옷섶을 파고드는 그 추위 덕에 망울 터트릴 날만 기다렸던 봄꽃들은 미처 활짝 피어나기도 전에 맥없이 무너져버릴 것이다. 하지만, 오랜만에 걸어 본 남도의 산길에선 꽃샘추위와는 무관하게 봄기운이 활활 넘쳐나고 있었다.

함평천지 휴게소에서 우릴 태운 버스는 잠시 멈추어 섰다. 집을 떠난 지 4시간여 만이다. 함평천지는 신재효의 남도창(南道唱)으로 유명한 곳이다.

함평 천지 늙은 몸이,
광주 고향 바라보니,

제주 어선 빌어 타고,
해남으로 건너올 제,

흥양(興陽)에 돋은 해는,
보성에 비쳐 있고,

고산(高山)의 아침 안개,
영암(靈岩)을 둘러 있다.

실로 먼 거리였다. 안양에서 강진의 만덕산으로 가는 길은 멀고도 지루한 길이었다. 아침에 집을 나선 시간이 6시 10분 경이었고, 산행 들머리인 이곳 용문사 입구에 도착한 시간이 낮 12시 35분이었으니 무려 6 시간여를 달려 온 셈이다.

어느 세월에 산행을 하고 어느 세월에 다시 귀경할 수 있을 것인가? 답답했지만 어쩔 수 없는 일이었다. 그 정도는 각오해야만 했다. 버스에서 내리자, "정다산유허지통로(丁茶山遺墟地通路)"라는 돌기둥이 세워져 있었다. 한 눈에 이곳이 다산 정약용 선생의 유배생활의 근거지였음을 알 수 있었다.

워낙 늦은 시간에 산행을 시작하였기 때문에 서두르지 않을 수 없었다. 석문산 용문교 입구였다. 당초 계획은 석문산도 오르게 돼있었지만 시간 관계상 부득이 다음 차례를 기약할 수밖에 없었다.

용문사로 향하는 길목에는 나무에서 한 번, 땅에서 또 한 번 꽃을 피운다는 붉디붉은 동백이 그의 자태를 드러내고 있었다. 동백꽃은 그 자체의 황홀함에도 불구하고 지는 모습을 보면 참담한 심정이 든다. 동백꽃은 꽃잎이 하나 둘 지는 게 아니라 꽃봉오리 전체가 어느 날 갑자기 툭 떨어져 내림으로서 사람의 명치를 치는 특이한 낙화 생리를 지니고 있기 때문이다. 왠지 서러워 보이는 동백을 바라보며 그 동안 마음을 할퀴어 왔던 그리움을 지워내고 싶었다. 그리고 마음 속 어지러움과 탁한 것들을 모두 가라앉히고 싶었다.

용문사에 이르렀다. 큰 법당이라는 글씨가 눈에 띄었다. 대웅전이라는 이름 대신 가급적 우리말과 친근한 "큰 법당"이라는 표현이 이채로웠다. 용문사에는 오래전부터 두 구의 토불을 모시고 있다고 한다. 두 구의 토굴은 관세음보살과 지장보살로서 고려시대 토불양식을 잘 보존하고 있으며 관세음보살상은 머리에 연꽃 모양이 새겨진 화환과 상투머리에 귀밑머리가 양쪽으로 길게 늘어진 모습을 갖추고 있다고 한다.

본격적으로 산길에 접어들었다. 봄은 분명 만덕산 자락에도 피어나고 있었다. 스멀스멀한 봄기운이 기지개를 펴고 있었고, 그 기지개를 타고 봄꽃들이 일제히 꽃망울을 터트리기 시작했다.

만덕산으로 향하는 용문사 뒷자락 바위 틈새에선 수선화가 노란 꽃술을 내밀고 있었다. 하늘에 있는 것을 천선(天仙), 땅에 있는 것을 지선(地仙), 물에 있는 것은 수선(水仙)이라 할 만큼 수선화는 아름답고 그 청초하기가 이를 데 없다. 북풍한설의 매서움을 이겨내고, 아름다운 꽃을 화려하게 피우는 수선화를 산길에서 만나니 어느 새 내 속 뜰에서도 연두 빛 새싹이 내리고 있는 듯 했다.

삼거리 갈림길이었다. 용문사를 떠나 한 참을 걸어 온 것 같았지만 이제 겨우 350m를 걸어 왔을 뿐이다. 어서 빨리 산행을 마치고 귀경할 생각에 그 만큼 마음이 급했으리라.

나의 급한 마음과는 상관없이 만덕산에는 봄의 전령이라는 진달래꽃이 남녘의 따뜻한 햇살과 부드러운 바람결 앞에 활짝 제 모습을 드러내 보이고 있었다. 단, 며칠밖에 살지 못하고 자신의 몸을 버려야 하는 진달래꽃, 하지만 꽃들은 당당했다. 진달래꽃들은 그의 일생을 다하면 그뿐, 절대 철쭉이나 다른 꽃으로 다시 태어나는 법이 없다.

저 하찮은 꽃들도 저리 당당한데 우리네 사람들은 어떠한가? 오직 부귀와 영화를 위해서는 자기 고유의 색깔을 온전히 유지하지 못하고 몇 번이고 몸의 무늬만을 바꾸는 것이 요새 인간들의 행태이다.

만덕산에는 생강 꽃도 한참 피어나고 있었다. 생강나무와 산수유는 잎이 나기 전에 노란 꽃이 피어나기 때문에 사람들은 가끔씩 이를 혼돈 하고 있다. 하지만, 나중에 줄기와 나뭇잎을 보게 되면 쉽게 구별된다.

산의 능선에 접어들었다. 기암괴석을 돌아 풍광이 좋은 곳에서 아름다운 산천을 바라보았다. 평화로운 마을이 보이고 그 뒤로는 그리 높지 않은 산군들이 이어져 있고 포근하게 느껴지는 남해바다가 아득한 그리움으로 다가오고 있었다.

역시 남해바다는 모성의 바다답게 포근하고 아름다웠다. 비릿한 갯내음과 부딪히고 고함지르는 서해바다가 삶의 아름다움을 간직하고 있다면, 분명 남해는 사랑하는 사람과 밀어를 나누기 좋은 환상의 아름다움을 지녔다고 볼 수 있었다.

가야 할 만덕산을 힐끔 쳐다보며 한걸음, 한걸음 걸어 나갔다. 해발 240m의 바람재가 나타났다. 바람재를 지나면서 산들산들 봄바람이 불어주기를 그래서 내 육신에 흐르는 땀을 씻어주기를 은근히 기대했지만 오늘따라 바람재는 바람 한 점 없는 바람재가 되고 말았다.

드디어 해발 408.6m의 만덕산 정상인 깃대봉이었다.

당초 계획대로라면 필봉을 다녀오게 되었지만 너무 늦은 시각이라 안타까웠지만 오늘은 어쩔 수 없었다.

백련사 방향으로 하산하면서 넘어온 능선을 힐끔 곁눈질해 보았다. 낮은 능선이었지만 아름다운 능선이었다. 마치 산의 높이와 아름다움이 정비례하지만은 않는다는 것을 알려주는 듯싶었다.

조금 내려오니 천년고찰 백련사가 나타났고, 백련사 모퉁이를 지나니 다산초당으로 이어지는 숲 탐방로가 있었다.

숲길은 동백림이 주변경관과 잘 어우러져 있어 호젓하게 걸을 수 있는 산길이었다. 다산초당으로 가는 길을 알려주는 친절한 길라잡이도 보였다.

길라잡이를 조금 지나니 천일각이 나타났다.

천일각(天一閣)이라는 이름은 "하늘 끝 한 모퉁이"라는 뜻의 천애일각(天涯一閣)을 줄인 것이다. 다산의 유배시절에는 없던 건물인데 돌아가신 정조대왕과 흑산도에서 유배중인 형님 정약전이 그리울 때면 이 언덕에 서서 강진만을 바라보며 스산한 마음을 달랬을 것이라는 생각으로 1975년 강진군에서 새로 세웠다고 한다.

동암에서 천일각에 이르기 전 왼편으로 나 있는 길은 백련사로 가는 길이다. 유배생활 동안 벗이자 스승이요 제자였던 혜장선사와 다산을 이어주는 통로였다고 한다. 800여 미터 길에는 야생차 군락과 천연기념물로 지정된 동백 숲을 만날 수 있다.

송풍루(松風樓)라고도 부르는 동암(東庵)은 다산이 저술에 필요한 2,000 여권의 책을 갖추고 기거하며 손님을 맞았던 곳이다. 다산은 초당에 있는 동안 대부분의 시간을 이곳에 머물며 집필에 몰두하였으며 목민관이 지녀야 할 정신과 실천 방법을 적은 목민심서도 이곳에서 완성했다고 한다.

동암은 1976년 서암과 함께 다시 세웠는데 현판 중 보정산방(寶丁山房)은 추사의 친필을 모각한 것이고, 다산동암(茶山東庵)은 다산의 글씨를 집자한 것이다.

붉은 비단이 깔린 숲길을 걸었다. 그 길은 한없이 깊고 아늑한 길이었다. 동백나무와 소나무, 대나무가 뒤엉켜 자라 긴 터널을 이룬 숲길이었다. 봄을 시샘하던 차가운 꽃샘바람도 범접 못할 사무치게 아름다운 길이었다. 그래서 이 길은 슬픈 유배길이 아니라 피안에 이르는 길이었는지도 모른다.

숲 길가에는 연지석가산(蓮池石假山)이라고 부르는 곳이

있었는데 이것은 연못 가운데 돌을 쌓아 만든 산이다. 다산은 원래 있던 연못을 크게 넓히고 바닷가의 돌을 주워 조그만 봉을 쌓아 석가산이라 하였다. 연못에는 잉어도 키웠는데 유배생활에서 풀려 난 후 제자들에게 보낸 서신에서 잉어의 안부를 물을 만큼 귀히 여겼다고 하며, 다산은 잉어를 보고 날씨를 알아냈다고 한다.

곧이어 다산 초당(茶山艸堂)이 나타났다. 문학기행 만을 고집한다면 당연히 다산초당을 맨 먼저 둘러보는 게 순서이지만 오늘은 만덕산 산행이 주목적이었기에 산길에서 내려오는 순서에 따라 불가피하게 다산초당을 최종순서로 삼을 수밖에 없었다.

강진만이 한 눈에 굽어보이는 만덕산 기슭에 자리한 다산초당은 조선후기 실학을 집대성한 대학자 정약용 선생이

유배생활을 했던 곳이다. 강진에 유배되어 18년간 귀양생활 중 강진읍 동문 밖에서 머물다 이곳 만덕리 귤동 다산초당으로 거처를 옮겨 이곳에서 후진을 가르치고 저술에 전념하였다.

총 500여 권에 달하는 저서가 여기서 완성되었으며,

그 중 "목민심서" "경세유표", "흠흠신서" 등 세 권의 책이 매우 유명하며, 선생의 애국애민사상이 스며있는 책이다. 당

시 다산이 기거했던 집은 오랜 세월에 낡고 쓰러져 지금은 다시 세운 동암, 서암이 다산초당을 중심으로 서 있다.

다산초당의 뒤편 언덕에는 정석(丁石)이라고 새겨진 큰 바위가 있었다. 정석(丁石), 유배를 마치고 고향으로 돌아가기 직전 다산이 직접 새겼다고 전해지는 이 정석은 다산초당의 제1경이다. 아무런 수식도 없이 자신의 성(姓)인 정(丁)자만 따서 새겨 넣은 것으로 다산의 군더더기 없는 성품을 그대로 보여주고 있다.

다산 초당의 곳곳은 다산의 대쪽같이 올곧은 성품을 나타내 주듯이 대나무 울타리로 둘러싸여 있었다. 계속해서 오솔길이 이어지고 있었는데 다산초당에는 다산의 정취가 묻어있는 세개의 길이 있다. 하나는 입구에서 초당에 이르는 "뿌리의 길이고, 다른 하나는 동암을 지나 천일각 왼편으로 나 있는 백련사 가는 길이다. 윤 종진의 묘 앞에 나 있는 이 오솔길 역시 다산이 이곳에 머무는 동안 마을을 오가며 다녔던 길이다.

초당에 이르는 길은 수백 년 된 소나무 뿌리들이 서로 뒤엉켜 세월의 흔적을 보여주고 있는데, 정 호승 시인은 이곳을 "뿌리의 길"이라 노래하였다.

뿌리의 길

다산 초당으로 가는 산길
지상에 드러낸 소나무의 뿌리를
무심코 힘껏 밟고 가다가 알았다.

지하에 있는 뿌리가
더러는 슬픔 가운데 눈물을 달고
지상으로 힘껏 뿌리를 뻗는다는 것을

지상의 바람과 햇볕이 간혹
어머니처럼 다정하게 치맛자락을
거머쥐고 뿌리의 눈물을 훔친다는 것을

나뭇잎이 떨어져 뿌리로 가서
다시 잎으로 되돌아오는 동안
다산이 초당에 홀로 앉아 모든 길의 뿌리가
된다는 것을

어린 아들과 다산초당으로 가는
산길을 오르며 나도 눈물을 닦고
지상의 뿌리가 되어 눕는다.
산을 움켜쥐고 지상의 뿌리가 가야 할 길이
되어 눕는다.

뿌리의 길을 빠져나와 걷다가 다산 수련원 근처에 있는 두충나무 숲에서 걸음을 멈추어 섰다. 두충나무는 자작나무처럼 창백하고 하얀 껍질을 지녔다. 숲길은 인위적으로 만든 산책로이지만 제법 운치가 그럴 듯했다.

산행 날머리인 마을입구로 내려섰다. 입구에는 다산 정약용 선생의 유적비가 있었다. 오늘 둘러본 만덕산은 역사적 아픔을 떠나 아름답기 그지없는 곳이었다. 아니 역사적 아픔이 있어도 아름다운 곳이었다.

다산초당, 정 약용 선생이 마지막 머물렀던 그 장소에 가서 그가 겪었던 고통도 그가 저술했던 후대에 찬란히 빛나는 수많은 서적들의 빛에 의해 무한한 아름다움으로 승화되지 않았나 생각해 본다.

무척이나 늦은 시각에 걷기 시작한 만덕산의 산길이었지만 그 기슭에 다산초당이 있었기에 선생이 떠나고 그로부터 수백 년이 지난 오늘, 나는 다산 정 약용 선생과 생생하게 교감하며 오래도록 그 길을 걸을 수 있었다. 그런 연유로 해서 흐르는 땀과 더위를 식혀주는 바람이 오늘따라 유난히 달다는 것을 느끼게 해준 만덕산이었다.

2011. 3월

가야 할 만덕산을 힐끔 쳐다보며 한걸음, 한걸음 걸어 나갔다. 해발 240m의 바람재가 나타났다. 바람재를 지나면서 산들산들 봄바람이 불어주기를 그래서 내 육신에 흐르는 땀을 씻어주기를 은근히 기대했지만 오늘따라 바람재는 바람 한 점 없는 바람재가 되고 말았다.

산 속에 시심(詩心)이 있다

전북 완주, 충남 논산. 금산 대둔산

겨울동안 얼어붙었던 수척한 모습의 대지위에 따뜻한 햇살과 부드러운 바람결과 촉촉한 물기가 내려지고 있다. 때맞춰 안으로 굳게 닫은 나무와 꽃들의 문이 활짝 열리고 있다. 신비스럽기만 한 우주는 이렇듯 찬란한 생명의 조화를 이뤄낸다.

누가 산 속에 시심(詩心)이 있고,

시심(詩心)속에 산이 있다고 하였는가?

나는 오늘도 산길을 걸으며 그 속에서 시심(詩心)을 들여다보고 마냥 그 즐거움과 행복에 빠져보려 한다.

대둔산은 원래 "큼직한 두메의 산" , 크나 큰 "바위덩이 산"이란 뜻으로 한듬산이라고 불렀다고 한다. 그러던 이름을 한자화하면서 함은 큰대(大)자로 고치고 듬은 한자어로 고치기엔 마땅치 않고 소리도 같은 의미를 가진 글자가 없어 "듬"소리에 가장 근접한 진질 "(屯)"자로 한 것이라고 하며 지금도 논산 사람들은 한듬산이라고 부른다고 한다.

그래서였을까? 두 이름을 갖다보니 산 하나가 두개로 쪼개져 각각 두개의 도립공원으로 지정돼 있다. 하나의 산을 두고 전북과 충남에서 도립공원으로 지정하였던 것이다. 대둔산은 한국 팔경의 하나로 산림과 수석의 아름다움과 최고봉인 마천대를 중심으로 기암괴석들이 각기 위용을 자랑하며 늘어서 있다.

산행 들머리는 배티재였다. 배티재는 임진왜란 당시 골짜기에 배나무(산들 배나무)가 많은 재(고개)라 하여 붙여진 이름이라고 한다. 대둔산 등산로, 금산군에서 설치한 아치문이 이채롭다. 지금이 만추의 계절이라도 된다는 말인가? 낙엽 쌓인 산길을 오른다. 시절도 모르고 나무들의 발치에 누워있는 저 가랑잎들은 무슨 생각을 하고 있을까? 참으로 덧없는 생각을 하여본다.

조금 오르니 갈림길이었다. 길라잡이는 장군 약수터로 가는 길을 안내해 주고 있었다. 장군약수는 옛날에 용천수(龍泉水)라 불렀지만 먹으면 힘이 난다고 해서 장군수로 부르고 있다고 한다. 장군수를 마시기만 하면 모든 병이 낫는다고 하는 신비스런 약이라고 하는데 그 말이 미덥지 못했기 때문일까, 아니면 마음의 여유가 없었을까, 갈 길 바쁜 산 나그네의 발길은 낙조대로 향하고 있었다.

또 다시 갈림길이었다. 낙조대는 200m의 거리에 있었지만 낙조대를 들러 다시 이곳으로 와야 했다. 그렇다고 대둔산의 비경의 하나인 낙조대를 그냥 지나칠 수는 없었다. 드디어 해발 859m의 낙조대에 올랐다. 서해로 지는 일몰의 아름다움을 감상할 수 있다는 낙조대이다.

낙조대에 오르지 않은 사람은 보지 못한다.
스멀스멀한 봄기운이 기지개를 켜는 모습을

낙조대에 오르지 않은 사람은 모른다.
쉼 없이 걷는 동안 흘렀던 땀과 더위를
식혀주는 바람이 달다는 것을

낙조대에 오르지 않은 사람은 알지 못한다.
끝없이 펼쳐지는 들녘너머 뉘엿뉘엿 서해바다로
잠겨드는 저녁놀의 황홀함을

낙조대에 오르지 않은 사람은 역시 알지 못한다.
해가 넘어간 뒤 땅거미 질 때
그 여리고 순한 빛깔을 지닌 저녁놀의 잔영을

낙천대에 들렀다가 다시 갈림길로 되돌아왔다. 우린 다시 마천대 방향으로 진행해야 한다. 마천대로 가는 길목에 있는 기암괴석에 앉았다. 조금 전에 마천대로 곧바로 오르는 길이 있었지만 우린 칠성봉 전망대를 가기 위해 가파른 길을 따라 이곳에 내려왔다. 전망대는 60m를 남겨두고 있었다.

칠성대 전망대로 가는 길목에 용문굴이 있었다.

당나라 정관 12년 선도대사가 이곳에서 도를 닦고 있을 때 용이 이 바위문을 열고 승천하였다고 하여 용문굴이라 부른다고 한다.

드디어 칠성봉 전망대이다.

아~! 칠성봉, 석봉 일곱 개가 병풍처럼 아름답게 서 있는데 용문굴에서 용이 승천하기 직전에 일곱 개의 별이 이곳에 떨어졌다고 해서 칠성봉이라 불러왔다고 한다.

눈앞엔 바로 장군봉도 있었다. 1952년 임진왜란 당시 권율 장군이 이 바위에서 전투지휘를 하고 대승을 거두었는데 바위 모습이 갑옷을 걸친 장군 모습을 닮았다 하여 장군봉이라 부른다.

칠성봉을 지나 와 우린 다시 케이블카 타는 방향으로 계단을 따라 올랐다. 케이블카 타는 곳에서 다시 계단 길을 오르면 전망대가 나타나고 곧이어 금강 구름다리로 진행하는 길이 나타난다. 임금바위와 입석대를 연결하는 높이 70m, 길이 50m의 금강구름다리는 오금을 펴지 못할 정도로 아슬아슬했다. 금강 구름다리 밑으로도 가파른 계단 길을 따라 많은 산객들이 오르고 있었다.

금강 구름다리를 건너 우린 다시 삼선계단을 향하고 있었다. 삼선 계단 바로 밑 이곳은 지금으로부터 101년 전 동학농민혁명 당시 전봉준, 김개남 장군이 체포된 직후, 투항을 거부하던 동학 "접주"급 이상의 지도자 25명이 이곳 대둔산 정상으로 피신, 요새를 설치하고 일본군과 3개월간에 걸쳐 치열한 최후의 항전을 벌이다가 1895년 2월 18일 어린 소년 1명을 제외한 전원이 장렬히 순국한 역사의 현장이다.

삼선바위, 고려 말 한 재상이 딸 셋을 거느리고 나라가 망함을 한탄하며 이곳에서 평생을 보냈는데 재상의 딸들이 선인으로 돌변하여 바위가 되었다고 한다. 그런데 그 바위 형태가 마치 삼선인이 능선 아래를 지켜보는 모습과 같아 삼선바위라 불린다고 한다.

삼선 바위로 오르는 삼선계단은 아슬아슬했다. 밑을 내려다보니 현기증이 일었다. 삼선 바위를 지나 정상으로 향하기 위하여 숨고르기를 하였다. 다시 갈림길이 나타나고 조금 지나 해발 878m의 마천대에 이르렀다. 마천대는 하늘을 만질 수 있는 봉우리란 뜻으로 선조들이 이 산을 높은 곳으로 생각하고 붙여진 이름이다. 맑은 날 마천대에 서면, 가깝게는 진안 마이산, 멀리는 지리산 천왕봉, 그리고 변산반도의 서해바다까지 한손에 잡힐 듯 펼쳐진다고 한다.

대둔산의 정상은 분명 마천대였다. 그런데 정상에는 마천대라는 이름은 눈을 씻고도 찾아볼 수 없고 거대한 콘크리트 구조물에 산하고는 거리가 먼 개척탑이란 이름의 글씨가 요란하게 새겨 있었고 개척탑 하반부엔 이런 글씨가 새겨져 있었다.

"이 개척탑은 1970년 11월에 완주군민의 정성을 모아 군청 청원을 비롯하여 많은 군민이 자재를 직접 운반하여 해발 878m 위에 10m 높이의 콘크리트 탑으로 건립하여 대둔산의 상징으로 등반객의 사랑을 받아오다 1989년 기존 콘크리트 탑 위에 스테인레스 관으로 정비하여 오늘에 이르고 있음."

참으로 이해할 수 없는 일이었다. 왜 저렇게 거대한 구조물이 산 정상에 설치돼야 하는 것인지 대둔산은 자신의 버리 부분을 심하게 훼손당하면서도 자신의 상징물이라고 흔쾌히 받아들여 준 것인지 쉽게 이해할 수 없었다. 거듭거듭 강조하거니와 그들의 개척탑 건립에 따른 자화자찬과는 달리 산과 개척(개발)은 절대 공존할 수 있는 성질의 것이 아니다.

따라서 어떤 경우를 막론하고 자연에 훼손이 갈 우려가 있는 시설물의 설치는 절대 금지하는 것이 맞다. 설령 그것이 자연환경 보존이라는 이름으로 감행되어도 그렇다.

씁쓸한 마음으로 마천대를 떠났다. 우린 충남 논산군 수락계곡으로 진행해야 한다. 수락 주차장으로 향하는 갈림길이었다. 나무들의 모습을 보니 아직은 앓고 난 사람들의 수척한 얼굴처럼 생기가 없었다. 하지만, 머지않아 저 나무들도 연두 빛의 생생한 잎 새를 틔울 것이다.

그런데 갈림길 이정표를 보니 이리 가도, 저리 가도 수락주차장이었다.

기왕이면 짧은 거리를 선택했다. 수락계곡으로 내려가는 길은 가히 환상적인 길이었다. 전에도 대둔산을 두어 차례 다녀갔지만 이렇게 멋들어 진 산길을 걸었던 기억이 나질 않았다.

마치 꿈길을 거닐 듯 황홀경에 빠져 무아지경 속에서 산길을 걸었다.

아직 황홀한 산길은 끝나지 않았다. 건강하게 자란 소나무와 조화롭게 설치한 목재테크의 계단이 더욱 돋보이는 산길이었다. 멋진 산길을 따라 한 참을 내려오니 수락폭포가 있었다.

봄은 대둔산 자락에도 피어나고 있었다. 어느 새 내 속 뜰에서도 연두 빛 새싹이 내리는지 근질거렸다. 다시 조금 내려가니 선녀폭포가 있었다. 역시 대둔산은 산 좋고 물 좋은 곳이었다.

선녀폭포를 지나 조금 걸으니 대둔산 승전기념탑 가는 길이 나왔다. 기념탑을 둘러봤다. 이런 글이 새겨져 있었다.

이 기념탑은 1950년 10. 3~1955년 1. 2 까지 5년간에 걸쳐 대둔산 일대에서 활동 중인 빨치산 및 영. 호남에서 패주 북상하던 북괴군 등 3,412명을 섬멸하였으며 경찰관, 국군, 애국청년단원 1,376명이 전사하여 이들의 고귀한 희생정신을 추모하기 위해 충남지방경찰청에서 1986. 6.23 준공 건립함.

기분이 개운치 않았다. 분명 고귀한 희생정신은 추모해야 마땅하다. 그러나 빨치산, 그들은 누구인가? 그들 역시 피를 나눈 우리의 형제들이 아닌가? 이념이 무엇인지도 모르는 그들은 오직 한 목숨 부지하기 위해서 어느 날 빨치산이 됐을 것이다. 왜 그들이 빨치산이 돼야 했을까? 그로부터 수십 년의 세월이 흘렀지만 역사는 아직도 명쾌한 해답을 내놓지 않고 있다.

양지 바른 곳에서 노란 잎의 개나리꽃들이 도란거리는 소리가 수런수런 내 가슴에도 전해오는 듯싶었다. 어린 시절을 회상케 하는 개나리꽃은 분홍색 진달래와 더불어 이 봄에 온 대지를 색색으로 화려하게 수놓는 꽃이다. 봄의 매력 가운데 하나는 역시 아름다운 침묵에 있었다.

가로수로 심어 놓은 소나무를 보았다. 하지만, 풍치 있는 줄기와는 달리 솔방울들이 방울방울 열려있다. 열악한 환경에 적응치 못하고 그 수명이 다 돼간다는 증거이다.

한낱 나무도 종족번식의 본능에 따라 여기저기에 생명의 씨앗들을 내려놓는다. 세삼 자연의 경외심에 숙연해진다.

조금 내려가니 반딧불이 서식지였다. 반딧불이는 처음 알로 습지의 풀 속에서 20~30일 후 부화하여 25일 만에 애벌레로 태어난다. 물속에서 다슬기를 주 먹이로 하여 이듬 해 4월까지 모두 다섯 번의 허물벗기를 한다. 땅 속에서 약 50일간 번데기로 살다가 5월 말에서 6월 중순까지 성충(반딧불이)으로 태어나며 수명은 약 15일로 이슬을 먹고 살며 수컷은 짝짓기 후, 암컷은 50~ 100 여개의 알을 산란하고 그 일생을 마친다고 한다. 그러고 보니 매미처럼 반딧불이의 일생도 참으로 기구하다는 생각이 들었다.

하산 후 맑게 흐르는 시냇물로 세수를 하고 발을 담가본다. 머리끝까지 전류처럼 흐르는 차고도 부드러운 그 흐름을 통해 더덕더덕 끼어있는 속세의 먼지와 번뇌의 망상까지도 함께 말끔히 씻겨 지는 듯싶었다.

2010. 4월

지혜와 불굴의 용기가 생겨나 길

덕유산 구간(빼재~동엽령)

산을 좋아하는 사람이라면 누구나 한 번쯤은 꿈꾸게 되는 백두대간 종주, 흔히들 백두대간 종주산행은 시작하는 사람은 많아도 끝까지 완주하는 사람은 그리 많지 않다고 한다. 처음엔 의욕적으로 출발했지만 막상 나서게 되면 힘이 들고 예상치 못한 문제점이 노정되기 때문에 완주하기가 그만큼 어렵다는 것이다.

백두산에서 지리산까지 지도상의 거리는 약 1,625km, 남한구간인 지리산에서 진부령까지의 도상거리는 640~690km 라고 한다. 그러나 경사로를 감안한 실제거리는 그 보다 훨씬 긴 거리가 될 테고 각 구간의 시점 또는 종점까지 오르내리는 거리까지 감안하면 1,300~1,500km를 걸어야 하는 것이다.

이처럼 어렵다는 백두대간을 야심차게 시작했다. 더구나 체력적으로 우려되는 50대 후반의 나이에다가 자유의 몸도 아닌 직장에 얽매여있는 처지에 말이다. 그러나 분명 주사위는 던져졌다. 이제 나 자신도 어쩌지 못한다. 어려운 여건을 무릅 쓰고 우리 민족의 등줄기인 백두대간을 온몸으로 느끼기로 이미 마음을 굳혔으니 인생의 긴 여정을 차근차근 밟아가듯이 한 걸음 한 걸음 성스러운 그 땅에 나의 발을 내딛어야만 했다.

우리가 산을 건성으로 바라보고 있으면
산은 그저 산일뿐이다. 그러나 마음을 활짝
열고 산을 진정으로 바라보면 우리 자신도
문득 산이 된다.

내가 정신을 놓고 분주하게 살 때에는
저만치 산이 나를 보고 있지만
내 마음이 그윽하고 여유로울 때는 내가
산을 본다.

법정스님의 말씀에 당연히 고개가 끄덕거려졌다. 이같이 여유로운 마음으로 내가 산을 바라보기 위하여 백두대간의 마루금을 온전하게 느껴보기 위하여 2009년 2월에 대간의 마루금 상에 역사적인 나의 첫발을 들여놓은 것이다. 그로부터 11개월째인 오늘은 동엽령에서 빼재까지 걷게 되는 일정이다.

당일 당일의 구간별 "백두대간 마루금 걷기계획"이 세워지면 나는 본능적으로 자료를 검색하는 절차에 들어간다. 자료검색은 주로 몇 권의 백두대간에 관한 서적에 의존하며 부수적으로 이미 다녀 온 분들의 블로그 등을 통해서 생생한 산행 경험을 덧붙이면 거의 완벽한 자료가 된다.

내가 산행에 앞서 자료검색이다 뭐다해서 이렇게 부산을 떠는 이유는 이렇다. 산을 좋아하는 분들이라면 이미 경험했겠지만 그 산에 대해 미리 알고 산길을 걸었을 때와 아무런 준비나 생각 없이 무작정 산길을 걸었을 때의 그 감흥에는 커다란 차이가 있기 마련이다. 마치 별자리의 이름을 알고 밤하늘을 우러를 때와 전혀 백지상태에서 별밤을 대했을 때의 차이와 마찬가지이다.

遊山者不可以無錄 而有錄之有益於遊山也
(유산자불가이무록 이유록지유익어유산야)
산을 즐기는 자는 기록이 없어서는 아니 되고,
기록이 있음은 산을 즐기는데 유익하다.

퇴계 이황 선생의 말씀처럼 산을 즐기기에도 기록은 필요하지만 후일에 꺼내보는 아름다운 기억의 수첩을 꾸미기 위해서도 기록은 반드시 필요한 것이다. 백두대간 마루금의 기록은 더욱 그렇다.

오늘 산행 들머리는 빼재(920m)였다. 원래는 동엽령에서 시작해야하나 요 며칠사이 덕유산에 많은 눈이 내려서 불가피하게 역으로 빼재에서 시작하기로 하였다. 자료검색을 해보니 빼재는 사람들이나 동물들의 뼈가 많이 묻혀 있는 곳이라고 해서 뼈재(빼는 뼈의 사투리)라는 이름을 지녔던 곳이라고 한다. 그런데 막상 표석을 보니 수령(秀嶺)이었다. "수령"(秀嶺)이라면 빼어난 고개라는 뜻이다. 전혀 다른 의미였다. 나름대로 정리해보면 빼재의 "빼"가 빼어나다는 우리말과 한자어의 수(秀)가 의미상으로 일치하여 붙여진 이름이 아닌가 생각되었다.

신풍령이라는 또 다른 이름도 가진 빼재에서부터 온전하게 덕유산 국립공원구역이었다. 산행 장비를 갖추고 본격적으로 산길에 접어들었다. 산길엔 많은 눈이 쌓여 있었고 눈이 내리고 나서 대간꾼들이 아직 통과하지 않았기 때문인지 러셀이 전혀 돼있지 않았다. 오늘산행이 상당히 험난한 산행이 될 것임을 예고해주는 것 같았다. 터벅터벅 눈길을 걸어 나갔다. 한참을 걸었는데도 신풍령에서 이제 겨우 1.0km를 걸어왔을 뿐이었다. 그만큼 눈이 많이 쌓여 제 속도를 낼 수가 없었던 것이다.

한 참을 걸어서 갈미봉(1,210m)에 이르렀다. 나중에 일행의 얘기를 들어보니 이곳에 분명히 정상석이 있었다는데 그걸 아깝게 놓치고 만 것이다. 온 천지가 하얀 눈 세상인데 마침 정상석도 하얀 대리석이라서 내 눈에 보이지 않았던 것이다. 계속해서 덕유산을 향하여 산길이 아닌 눈길을 걸으면서 산은 참으로 정직하다는 생각을 하게 되었다. 오른 만큼 내려가야 했고 내려간 만큼 올라가야 했다. 산은 언제나 걸은 만큼 다가왔다. 2km를 걸어왔으면 목적지는 2km만큼 가까이 다가오는 것이었다.

지나 온 능선을 뒤돌아보았다. 사진으로만 보면 나무들 사이에 가려 눈이 그다지 많이 쌓인 것 같지 않았다. 그러나 실제로 최근 며칠 사이에 덕유산 자락에는 엄청난 양의 눈이 내렸었다고 한다. 눈 속에 빠져 산길을 걷는 막내의 뒷모습을 보니 무척이나 힘들어 보였다. 선두가 러셀을 하고 지나갔다고는 하지만, 워낙 많은 눈이 쌓여있어서 별 효과는 없었다.

앞으로 걸어야 할 긴 능선으로 이어지는 산길을 바라보았다. 그것은 아득한 그리움이자 설렘이었다. 어쩜 슬픔이고 아픔이기도 했다. 그리고 또한 사랑이고 희망이었다. 따스한 어머니의 품 같기도 했다. 그래서 잊을 수 없는 아름다웠던 생의 한 순간이었다. 이런 저런 상념 속에 산길을 걷다보니 해발 1,342m의 못봉이었다. 지봉(池峰)이라고도 불리 우는 것을 보면 옛날에 이곳에 못이 있었던 것이 아닌 가 추측된다. 오늘 산길 중에 어느 곳은 엄청난 눈이 쌓여있었다. 조난사고도 우려되었다. 그렇다고 도중하차할 수도 없었다.

산길 가장자리에 있는 안내판을 보았다. 안내판의 길 다란 받힘목이 눈 속에 파묻혀 있었다. 백두대간의 마루금에는 저처럼 많은 눈이 쌓여있었다. 저 눈길을 뚫고 걷기에는 너무 큰 위험이 도사리고 있었다. 우리는 안전을 고려하여 마루금을 무시하고 약간씩 우회하여 걷기도 했었다.

언제부터인가 나는 속세로부터 쉽사리 끊을 수 없는 단맛을 느꼈다. 그 맛을 알고서부터 그 맛에 대한 탐욕이 날로 강해져 나의 영혼은 사탕처럼 굳어져 점점 황폐화되고 있다는 것도 알게 되었다. 결국 황폐화되어 가고 있는 내 정신을 흔들어 멈추지 않고 흘러가게 하는 것은 산이었다. 바로 오늘처럼 온갖 악조건 하에서 걷는 백두대간의 마루금이었다. 그 정도 의미만으로도 내게 오늘 산행은 충분히 매력적이었다.

대봉을 넘어 횡경재(1,342.7m)에 이르렀다. 허기가 왔다. 산행을 시작한지 3시간을 훌쩍 넘기고 있었으니 그럴 만도 하였다. 이곳에서 나와 우리막내는 배낭을 메고 서 있는 자세에서 행동식으로 떡과 빵을 먹었다. 온 세상이 눈 천지라서 앉을만한 곳이 없었기 때문이다. 간단히 요기를 하고 산길을 걸어 나갔다. 송계사 삼거리까지는 아직 3.2km를 남겨두고 있었다.

오늘처럼 힘들게, 힘들게 깊은 산길을 걷다보면 가슴 절절한 외로움도 저절로 사라지고 바깥세상의 온갖 어려움도 모두 이겨낼 수 있을 것 같은 자신감이 생기게 된다.

우리 막내에게 있어서 오늘 산길은 그 어느 때보다 힘이 들어보였다. 눈이 많은 탓도 있었지만 산행컨디션이 최악인 듯 싶었다. 산행속도가 너무 느려 내가 서행을 하였는데도 따라오지를 못해 무려 서너 차례를 앞서간 장소에서 기다려야 했었다.

우리 막내아이에게도 오늘 같은 힘들고 어려운 산행을 통해 험난한 세상을 헤쳐 나갈 수 있는 지혜와 용기가 생겨났으면 좋겠다. 눈 속에서도 푸른 기상을 저버리지 않고 의연하게 서 있는 저 산죽들처럼 우리 막내도 꼭 그렇게 성장했으면 좋겠다.

드디어 송계삼거리에 이르렀다. 이곳을 중심으로 소위 덕유평전이 펼쳐진다. 덕유평전은 지리산의 세석평전과 쌍벽을 이루는 산상고원이다. 세석이 분홍 철쭉꽃으로 유명하다면 이곳은 붉은 털진달래 꽃과 노란 원추리 꽃이 유명하다고 한다. 막내이 보다 먼저 도착한 나는 이곳에서도 막내를 무려 20여분 가량을 기다려야 했었다.

삼거리에서 향적봉은 불과 2.1km를 남겨두고 있었다. 마음이 설랬다. 비록 백두대간의 마루금에서는 비껴있었지만 덕유산의 최고봉인 1,614m의 향적봉(香積峰)을 바로 지척에 두고 갈등이 생긴 것은 너무도 당연한 일이었다. 그러나 나는 막내 생각에 아무런 결단도 내리지 못하고 무작정 기다려야만 했었다.

덕유의 맹주격인 향적봉을 알현하지 않고 어찌 덕유의 품을 벗어날 수 있으랴. 그러나 오늘은 향적봉에 대한 그리움만 남겨둔 채 동엽령으로 향해야만 했다. 그 대신 먼발치에서 가벼운 손짓으로 안부만 전하고 몇 년 전 이맘때 추억으로 대체키로 하였다.

동엽령으로 내려가는 길목에 한 그루의 소나무가 서 있었다. 눈 속에 파묻혀 힘들어 하는 소나무 잎을 타고 고드름이 주저리, 주저리 열려있다. 그야말로 설상가상이었다. 고통스러워하는 소나무를 보니 처연한 생각이 들었다.

드디어 덕유산의 큰 고개인 동엽령이다. 막내가 다른 산악회 사람들과 뒤엉켜 따라오질 못했다. 답답했다. 산길에서 서행하는 사람들을 추월하는 테크닉이 부족한 것이다. 바로 직진하면 지난번에 걸었던 무룡산으로 가는 길이다. 하는 수 없이 추위를 무릎 쓰고 또 막내를 기다려야만 했었다.

시간은 벌써 다섯 시를 넘기고 있었다. 이제 얼마 안 있으면 필시 어둠이 내릴 텐데 걱정이었다. 아직도 막내의 모습은 보이지 않는다. 우린 이곳에서 안성탐방소 방향으로 내려가야 했다. 그러나 안성탐방소까지도 무려 4.5km의 거리였다. 드디어 막내가 시야에 들어왔다. 이곳으로 내려오라는 신호를 보내고 내가 먼저 내려가기로 했다.

동엽령에서 안성탐방소로 향하는 산길을 20여 분 걷다보면 길 가장자리에 소나무와 서어나무가 서로 뒤엉켜 열애를 하는 모습을 볼 수 있었다. 이른바 연리지 사랑이다. 그 동안 나는 일반 산길은 물론이고, 백두대간 마루금을 걸으면서 수많은 연리지를 만나왔다.

그중 가장 인상 깊게 느꼈던 연리지는 전주의 모악산 정상에서 금산사 방향으로 하산 중에 만난 연리지와 지금 이곳의 연리지이다. 모악산의 연리지는 두 그루의 소나무가 2~3m의 일정간격을 유지하며 자라다가 가지가 뻗어 완전하게 서로 맞닿은 채 살아가는 분명한 모습의 연리지였고, 이곳의 연리지는 종이 다른 나무, 즉 소나무와 서어나무의 줄기가 서로 뒤엉켜 살아가는 모습인데 보다 정확히 표현하면 서어나무의 두 줄기가 한 줄기의 소나무를 포위하여 끌어안는 모습이다.

물론 그 반대로 소나무의 줄기가 서어나무의 두 줄기 사이로 끼어들어간 것으로 볼 수도 있지만 어쨌든 그동안 만나왔던 연리지와는 확연히 다른 모습의 특이한 연리지였다.

하나이면서 둘이고, 둘이면서 하나인 묘한 삶을 살아가는 연리지, 한 나무가 죽어도 다른 나무에서 영양을 공급하여 살아나도록 도와주기 때문에 연리지는 예로부터 귀하고 상서로운 것으로 여겨왔다고 한다.

또한 연리는 두 몸이 한 몸이 된다고 하여 부부의 영원한 사랑을 비유하며 자녀의 지극한 효성과 친구의 돈독한 우정을 나타내기도 하며, 남녀의 아름다운 사랑을 연상하고 그리움을 떠올리기도 한다.

따라서 이 나무에 빌면 세상의 모든 사랑이 이루어진다고 한다. 연리지 얘기를 꺼내고 보니 아직도 누군가를 향한 그리움이 남아있었을까? 문득 나도 그런 사랑을 하고 싶어졌다. 문득 나도 연리지 같은 사랑을 하고 싶어졌다.

마침 누구의 작품인지 소나무와 서어나무에 관한 애절한 사랑이야기가 바로 이 연리지에 매달려 있었다.

솔 도령과 서어 낭자의 사랑이야기

우리는 이렇게 백년을 같이 했습니다.
우릴 바라보는 사람들의 시선이 곱진
않았지만 그래도 모자람이 많아 앞으로도
이렇게 백년을 같이 하렵니다.

이제 우린 함께 있는 설렘 보다 포근하고
편안한 마음이 먼저랍니다.
첫눈 내린 추운 겨울날에도 천둥 번개
치는 소나기 내리는 날에도 항상 우린 서로
감싸 안습니다. 누가 먼저랄 것도 없이…

하지만, 우린 아직도 못다 한 사랑이 너무
많습니다. 당신에게 난 너무 부족하지만
내 사랑을 받아 준 당신께 항상 감사하며
순간의 감동보다 묵묵히 곁에 있어주는 당신을
나는 아주 많이 사랑합니다.

앞으로도 우리는 서로의 마음에 일시적인
사랑의 감정보다 진실에 믿음이 더 하여진
영원한 동반자인 그런 사람이 바로 당신이기에
나는 당신을 영원히 사랑할 수밖에 없답니다.

서로 부등 켜 안는 모습으로 보아 죽도록 사랑하는 듯싶었다. 나도 저렇게 절절한 사랑 앞에서는 저 나무들처럼 삶과 죽음을 초월할 수 있을까. 아마도 못 다한 사랑이 많은 탓이리라. 미처 거두지 못한 그리움이 가슴에 가득한 탓이리라. 젊은 날, 제대로 사랑을 택하지 못한 탓이리라.

동엽령에서 한 시간 가까이 내려왔다. 그러나 막내가 이곳에 도착할 시간은 어느 때가 될지 모른다. 무작정 기다릴 수도 없어서 300m 거리에 있는 칠연폭포를 다녀오기로 했다.

울창한 수림사이의 비단결 같은 암사면을 타고 쏟아지는 물줄기에 패인 일곱 개의 못이 한 줄로 늘어서서 칠연을 만들었고 옥같이 맑은 물이 일곱 개의 물에 담겨 잠시 맴돌다가 미끄러지기도 하고 쏟아지기도 하면서 일곱 폭의 아름다운 폭포를 만든다고 한다.

그러나 지금은 눈에 쌓여 확인할 길이 없었다. 칠연폭포를 구경하고 안성탐방소에 최종적으로 도착한 시간은 늦은 6시였다. 어둠이 짙게 내리고 있었다. 날씨도 추워졌고 덩달아 배도 고파오기 시작했다. 다행히 칠연폭포를 다녀 온 사이에 막내도 무사히 탐방소에 도착하였다. 손이 곱고 추위가 엄습해 왔지만 그래도 허기는 달래야 했기에 어둡고 냉랭한 주차장 구석에 마련한 뒤풀이 행사에 합류할 수밖에 없었다.

2010. 1월

뜨거운 열정으로 소백의 칼바람을 잠재우다

소백산 구간(고치령~죽령)

한민족의 정기를 한껏 모아 동해안을 따라 남진하던 백두대간이 태백산에서 내륙으로 방향을 꺾은 후 한반도의 중심에 우뚝 솟은 산, 소백산은 장백, 태백과 함께 진정 민족의 영산으로 추앙받고 있는 산이다. 또한 소백은 누가 뭐래도 우리나라 으뜸의 육산이다. 여인의 육체처럼 부드러운 능선을 따라 펼쳐지는 대평원의 장쾌함은 어디서나 돋보인다.

늦봄의 진달래와 철쭉도 환상적이지만 겨울의 설화와 상고대의 명성은 나라 안에서 단연 최고이다. 하지만, 분수령을 넘나드는 칼바람은 웬만한 돌 맹이는 모두 날려버릴 정도로 거세다. 그 이유는 동북에서 서남 방면으로 뻗어 내린 능선이 늘 북풍을 맞받기 때문이라고 한다.

소백산, 하얀 눈을 머리에 이어 소백산이라고 하였던가? 귀밑머리 한쪽에 생긴 새치처럼 허옇게 상고대를 이고 있는 모습이 그립다. 마음 속 깊이 뜨거운 열정을 담아 그 유명한 소백의 칼바람을 잠재우고 싶다. 티벳산맥처럼, 안데스산맥처럼 펼쳐지는 고산지대의 이국적인 전경들이 미치도록 보고 싶다.

아직은 움켜잡아야 할 그리움이 남아있기에 벅차게 타오르는 그리움을 감당할 수 없기에 가슴으로 뜨거운 가슴으로 장쾌한 소백의 능선을 어서 빨리 거닐고 싶다.

오늘 역시 당초 산행계획은 죽령부터 시작하는 북진산행이었으나 12월 15일까지 산불예방기간이라서 고치령에서의 출입이 통제되는 바람에 불가피하게 이른 새벽 감시의 눈초리를 피해 산행을 고치령에서부터 남진산행으로 이어갈 수밖에 없었다. 그런데 산행 들머리인 고치령까지는 진입로가 좁고 도로사정이 좋지 않아 버스가 올라갈 수가 없기 때문에 도보로 약 1시간여의 거리를 트럭을 임대해서 가게 되었다.

고치령(770m)은 백두대간의 태백산과 소백산 사이를 가르는 소위 양백지간의 중심에 있다. 다시 말해, 고치령은 소백이 끝나고 태백이 시작하는 고개이다. 고치령은 신라시대에 근처에 큰 절을 지으려고 터를 잡았던 일로 "절터고개"라 불렀으나 세월이 흐르며 옛 고개라는 뜻의 고치가 되었다고 한다. 고치령은 또 문경과 영주를 잇는 죽령, 영월 하동과 영주 부석을 잇는 마구령과 함께 소백산을 넘는 세 개의 고갯길 중 하나이다.

산행은 새벽 3시를 약간 넘겨 시작하였다. 고치령에서 국망봉까지는 11.1km의 거리였다. 백두대간의 마루금이 대개

그러듯이 오늘도 초입부터 가파르게 올라 쳐야 했다. 1시간 여를 걸은 후에야 오늘의 첫 목적지인 마당치(991m)에 도착할 수 있었다.

소백산에 들어서서 마당치를 지나고 있지만 일단은 뼈 속까지 파고든다는 소백의 칼바람은 느낄 수 없었다. 오히려 영상의 기온인 듯 땅이 녹아 질퍽질퍽했고 앙상한 나뭇가지에서는 뚝 뚝 상고대가 녹아떨어지고 있었다. 새벽 기온이 이정도라면 오늘 소백산 산행은 적어도 추위로부터는 어느정도 해방될 수도 있겠다는 조심스런 전망도 갖게 되었다.

최근 며칠 사이에 소백산에도 제법 많은 눈이 내린 것 같았다. 하지만, 길이 아닌 곳은 이미 눈이 녹아 보이지 않았으며 눈은 산길에만 쌓여 있었다. 따라서 하얀 눈이 쌓인 곳을 찾아 산길을 걸어 나갔다. 그렇다고 무작정 눈을 밟고 지날 수도 없었다. 어쩌다가 눈 위로 발을 디디면 허벅지까지 빠지고 만다. 설상가상으로 안개까지 심하게 내리고 있어 헤드랜턴을 착용했지만 앞이 잘 보이지 않았다.

우리 막내아이도 무척 힘들어 하는 눈치였다. 안경을 벗은 상태에서 안개가 내리고 있었으니 길이 잘 보이지 않아 발길이 더딜 수밖에 없었다. 어둡지만 않았다면 산길은 비교적 순탄한 길이었다. 초입에 몇 군데 급경사가 있었지만 그 고비만 넘기면 평탄한 길로 이어져 있었다. 길을 따라 걷다보니 어느새 국망봉은 2.3km만을 남겨두고 있었다.

늦은맥이재(1,272m)를 지나면서 기온은 급강하했다. 혹독한 바람이 세차게 불어왔다. 하얀 눈만이 온통 대지 위를 뒤덮고 있었다. 산악회에서 나뭇가지에 걸어 놓은 리본들이 바람에 흔들렸다. 나의 몸도 바람에 심하게 흔들렸다. 몸이 추워졌고 손이 시려왔다.

젖은 등산화 속으로 눈이 들어갔던지 발도 시렸다. 날씨가 추우면 배도 고파오기 마련이다. 허기가 졌지만 어디에다 배낭을 풀어놓고 요기를 할 마땅한 장소도 없었다.

사위가 밝아왔다. 다행스러웠다. 강추위 속에 허벅지 높이까지 쌓여있는 눈길을 걷는 것도 분명 힘든 일일 텐데 어둠까지 내렸으니 힘이 가중될 수밖에 없었다. 사위가 밝아오니 우리 막내아이가 헤드랜턴을 맨 먼저 벗어재꼈다. 오늘 두어 차례나 헤드랜턴이 말썽을 부렸던 탓인지라 속이 시원한 눈치였다.

날씨는 춥고 눈길은 힘들었지만 그래도 자연이 부리는 교태는 너무 자연스러웠고 너무 아름다웠다. 바로 상고대가 그랬었다. 한 떨기 눈꽃으로 피어 난 소나무가 발길을 멈추게 하기도 하였지만 온 몸이 얼어버릴 것 같은 추위 때문에 더는

지체할 수 없었다.

바람 따라, 눈이 시리도록 하얀 눈길을 따라, 황홀하게 펼쳐지는 상고대의 물결을 따라, 능선 길을 걷다보니 어느 새 국망봉(國望峰 1,420.8m)이었다. 아무리 추워도 기념사진이나 촬영해 두려고 막내아이를 찾았는데 앞서가던 막내가 시야에서 사라지고 없었다. 멈춰 서면 온 몸이 굳어버릴 것 같은 추위인지라 다소 힘은 들어도 계속 움직이고 싶었으리라. 어서 빨리 춥고 힘든 산행을 마감하고 싶었으리라.

국망봉에는 참으로 혹독한 추위가 엄습하고 있었다. 조금 전 마당치를 지나면서 오늘 산행 중에는 최소한 추위로부터 어느 정도 해방될수 있을 것이란 예측은 여지없이 빗나가고 말았다. 국망봉의 추위는 사람이 얼마만큼 참아낼 수 있는지를 시험하는 듯싶었다.

손끝이 시려서 스틱을 올바로 쥘 수가 없었다. 막내아이에게 무척 미안한 생각이 들었다. 아무리 고통의 끝이 아름답다고 하지만 그 고통은 나 혼자이면 충분할 것을 일정부분 아이에게 전가시키는 것 같아서 마음이 편치 않았다. 저렇게 추위에 힘들어하는 모습을 보니 더욱 그랬다.

국망봉은 신라의 마지막 왕자인 마의태자가 금강산으로 가기위해 이곳을 지나면서 멀리 옛 도읍 경주를 바라보며 한없이 눈물을 흘렸다는 곳이다. 왕건으로부터 신라를 회복하려다가 실패한 후 엄동설한에 달랑 베옷 한 벌만 걸치고 망국의 한을 달래며 개골산으로 들어가는 길이었다고 하니 그 마음이 얼마나 시렸을까. 그 몸이 얼마나 춥고 괴로웠을까. 문득 추운 날씨에 국망봉에 올라 서보니 마의태자의 아픈 심정이 전해오는 듯 했다.

시린 마음을 달래며 우리는 비로봉으로 향했다. 비로봉으로 향하는 길목에도 상고대가 활짝 핀 나무숲을 빠져나가야 했다. 길이 얼어붙어 있어 위험도 도사리고 있었다. 막내아이에게 아이젠을 착용할 것을 권유했으나 춥고 귀찮게 느꼈던지 한 마디로 거절당했다.

상고대는 나무에만 피는 게 아니었다. 저렇게 육중한 바위에도 상고대가 아름답게 앉아 황홀경을 연출하고 있었다.

드넓은 초지를 바라보며 비로봉을 향해 걸어 나갔다. 마치 티벳이나 안데스 산맥을 걷는 기분이었다.

지난 여름동안 푸르렀던 풀들이 그대로 누워 있었다. 그 위에는 하얀 눈이 쌓여있었다. 마치 약속이나 한 듯이 모두 같은 방향으로 누워 있었다. 그 모습에서 세삼 소백산 칼바람의 강도를 가늠할 수 있었다.

비로봉으로 향했다. 길목에 누워있는 바위에도 상고대는

피어나고 있었다. 그것은 흡사 동물이 드러누운 형상이었다. 검은 몸을 지닌 동물의 하얀 털을 보는 듯 했다. 잘 다듬어 진 산길을 따라 걷다보니 비로봉(毘盧峰 1,439.5m)이었다. 비로봉은 부처를 의미하는 산이다. 비로(毘盧)라는 말은 '석가의 진신(眞身)'을 높여 부르는 칭호라고 한다.

조선시대 빼어난 풍수학자인 남사고(南師古)가 이 산을 보고는 사람을 살리는 산이라며 말에서 내려 넙죽 절을 했다는 이야기는 소백의 위상을 잘 드러낸 일화라고 할 수 있다. 정상 표석 뒷면에는 소백산의 산세를 찬탄한 서거정의 노래가 적혀있다.

태백산에 이어진 소백산
백리 구불구불 구름 사이에 솟았네
뚜렷이 동남의 경계를 그어
하늘땅이 만든 형국 억척일세

우리나라의 산에는 비로봉이라는 이름을 가진 봉우리들이 의외로 많다. 주로 큰 산의 가장 높은 봉우리들이 이 이름을 지니고 있다. 금강산 비로봉(1,638m), 오대산 비로봉(1,563m), 치악산 비로봉(1,288m), 속리산 비로봉(1,057m)

과 바로 이곳소백산의 비로봉이다. 모두 부처의 산인 것이다.

소백산 국립공원은 백두대간 마루금중 탐방로가 비교적 잘 정비된 지역이다. 또한 탐방로를 부분적으로 개방해 놓고 있었지만 숲이 훼손되고 있지는 않아 보였다. 백두대간 길이나 탐방로 등을 잘 정비하여 길을 열어 놓음으로써 오히려 훼손되었던 초지와 숲이 복원되고 있는 듯 했다. 다른 국립공원 등에서도 타산지석으로 진지하게 고민해 볼 일이다.

우리의 산줄기 백두대간에 대한 안내판이 눈에 띄었다.

"우리가 흔히 말하는 태백산맥, 소백산맥의 산맥이란 말은 땅 속 지질의 생성연대나 생성방법을 추정하여 그린 가상의 지질도이며 이는 일본에 의해 왜곡된 역사입니다."

그렇다. 일제강점기에 일본은 우리 민족의 등줄기인 백두대간 보다는 자원을 침탈할 의도에서 산맥이라는 이름을 고집했었다. 왜냐하면 산맥을 이용해서 우리의 자원을 본국으로 효과적으로 수송하기 위한 수단으로 활용하려 했었기 때문이다.

설원을 바라보며 하얀 눈길을 따라 걸었다. 소백산 국립공원에서 설치한 "자연의 꽃 상고대"라는 안내판이 보였다.

겨울철이면
하얀 눈을 머리에 이고 있는 것처럼
보이는 소백산은 티끌하나 없는 순백의
세상이 됩니다.

천상의 화원,
5월 중순쯤이면 겨울철의 상고대 못지
않게 소백산의 연분홍 철쭉꽃은 야생화와
함께 어우러져 한 폭의 풍경화를 만들어내
붙여진 이름입니다.

발길은 연화봉으로 향하고 있었다. 그곳으로 가는 길목에 사랑의 나무 연리목이 있었다. 두 그루 나무가 서로 몸 비벼 하나 되어 살아가고 있었다. 같은 종의 두 나무가 맞닿은 채로 오랜 세월이 지나면 한 나무처럼 서로 합쳐져 되는 현상을 연리라고 한다.

나뭇가지가 서로 이어지면 연리지(連理枝), 줄기가 이어지면 연리목(連理木)이라 불리는데 연리목은 산길에서 가끔씩 볼 수 있으나 연리지는 매우 희귀하다. 그 이유는 나뭇가지는 다른 나무와 맞닿더라도 바람에 흔들려 좀처럼 붙기 어렵기 때문이다. 하지만, 많은 사람들은 굳이 연리목과 연리지를 구분하지 않고 이를 통틀어 연리지라고 부르고 있다.

살아 천년 죽어 천년이라는 주목 군락지를 오른 편에 두고 제1연화봉으로 향했다. 연화봉은 연꽃의 봉우리이며 연꽃은 알려진 대로 불교를 상징하는 꽃이다. 연꽃은 여러 가지 특징적 의미를 갖고 있다. 연꽃의 특징을 닮아가는 사람을 흔히 " 연꽃처럼 아름답게 사는 사람"이라고 한다. 우선 연꽃은 진흙탕에서 자라지만 그 더러움에 물들지 않고 항상 맑고 정갈한 자태를 지키고 있는 꽃이다.

또한, 연꽃은 빗방울이 연잎에 고이면 한동안 물방울의 움직임으로 함께 일렁이다가 어느 정도 고이면 크리스털처럼 투명한 물을 미련 없이 쏟아버린다. 즉, 연꽃은 자신이 감당할만한 무게만을 싣고 있을 뿐 그 이상이 되면 미련 없이 비워버리는 무욕의 꽃이다.

뿐만 아니다. 연꽃이 피면 물 속 시궁창의 모든 악취는 사라지고 향기가 연못에 가득하다. 마치 한 사람의 인간애가 사회를 훈훈하게 만들듯이 말이다. 연꽃은 그런 꽃이다. 그러기에 불교의 상징이 되고, 아름답게 사는 사람을 상징하는 꽃이 된 것이다.

나도 연꽃처럼 아름답게 살수 없을까? 나도 연꽃처럼 더러움에 물들지 않고 향기롭게 살수는 없는 것일까?

제1연화봉에서 연화봉으로 가는 길에는 목재테크의 계단이 촘촘하게 깔려 있었다. 제법 운치 있는 계단이었다. 그것은 마냥 보드랍고 연약한 소백산이 가장 이성적이어야 할 인간의 비이성적인 행위로 상처를 심하게 입어서 내린 극약 처방이었다. 수북이 쌓인 눈길을 따라 힘들게, 힘들게 연화봉에 올랐다. 연화봉이 품은 세상은 아름다웠다. 그저 황홀할 뿐이었다. 말이 필요 없었다. 바라보는 것만으로 충분했다. 그것은 천상의 세계인 듯싶었다.

연화봉의 길라잡이에는 희방사 방향으로 하산하는 가장 빠른 길도 있었지만 우리는 백두대간의 마루금을 이어 걸어야 하므로 죽령방향으로 내려서야 한다. 죽령은 아직도 8km 가까이 더 걸어야 한다. 한 떨기 연꽃 봉우리를 지나니 소백산 천문대였다. 발길을 옮기면서도 눈은 천문대로 향하고 있었다.

그런데 자세히 보니 아래 건물은 천문대가 아니었다. 천문대는 따로 있었다. 아마도 아래 건물은 천문대 직원들의 숙소인 듯싶었다. 조금 지나니 소백산 천문대 표지석이 나왔다. 네모 반듯한 대리석에 잘 다듬어진 표지석이 이채로웠다. 아직도 운무는 가득했다. 길가에서 가까운 거리였지만 운무 때문에 천문대가 희미하게 보였다.

콘크리트길을 따라 죽령으로 향하였다. 너무 지루한 길이었다. 너무 답답한 길이었다. 길가에는 활짝 핀 상고대가 오늘 산행에 지친 몸을 위로해주고 있었다. 부대낀 몸을 다독거려주고 있었다. 길가에 아름답게 늘어 서 있는 상고대의 황홀함이 없었다면 오늘 산행은 더욱 힘들었을 것이다.

소백산 천문대에서 탐방지원센터까지의 시멘트 길은 무려 7km에 이르는 길이다. 그 길은 가도 가도 끝이 없을 것 같은 길이었다. 그러나 가야만 하는 길이었다. 길을 따라 걷고 또 걸었다. 한 참을 내려오니 "백두대간 제2연화봉"이라는 표석이 멋들어지게 서 있었다. 기념사진도 촬영할 겸 잠시 표석 앞에 막내아이와 함께 마주 앉았다.

"힘들지?"

"................"

우리 막내가 말할 기운도 없다는 듯이 대꾸도 하지 않았다. 죽령이 가까워지니 바로 눈앞에 역시 막내와 함께 지난번에 힘들게 올랐던 묘적봉, 도솔봉, 삼형제봉이 산 물결을 이루고 있었다. 저렇게 높은 산을 올랐단 말인가, 저렇게 긴 능선을 걸었단 말인가, 믿겨지지가 않았다. 그러나 그것은 염연한 사실이었다.

드디어 오늘 산행의 날머리인 죽령에 내려섰다. 소백산의 허리를 구불구불 감돌아 흐르는 아흔 아홉 구비 죽령은 그 옛날 과거 길에 오른 선비들의 많은 애환이 서려있는 곳이다. 허리가 부러질 듯 아파왔다. 발도 심한 통증이 왔다. 그러나 마음은 뿌듯했다.

나는 오늘 마음 속 깊은 곳으로부터 분출하는 뜨거운 열정으로 그 유명하다는 소백의 칼바람을 잠재울 수 있었다. 그리고 덤으로 만개한 상고대의 아름다움을 만끽할 수 있었다.

2009. 12월

지난 여름동안 푸르렀던 풀들이 그대로 누워 있었다. 그 위에는 하얀 눈이 쌓여있었다. 마치 약속이나 한 듯이 모두 같은 방향으로 누워 있었다. 그 모습에서 세삼 소백산 칼바람의 강도를 가늠할 수 있었다.

마루금은 다시 시작하기 위해 있었다

설악산 구간(미시령~진부령)

무엇인가를 기다릴 때, 혹은 어딘가로 떠나야할 때, "시간은 무엇이며 누구의 것인가?"를 새삼스레 생각하게 한다. 오늘 역시 그랬었다. 오늘은 백두대간 마루금 걷기의 마지막 구간인 미시령에서 진부령구간을 걷기 위해 떠나는 날이며, 또한 월드컵 16강전인 우리의 태극전사들과 우루과이와의 일전이 있는 날이다. 공교롭게도 축구경기는 우리가 출발하는 시간과 같은 시각이었다.

설렘이 가득했다. 가슴이 벅차올랐다. 대한민국 축구사에 길이 빛날 첫 원정 16강 진출에 성공하여 다시 8강을 향한 도약의 시간을 맞이했으니 대한민국 국민이라면 누구라도 설렘이 가득할 수밖에 없었을 것이며, 지난 2년여 동안 힘들고 험난했던 백두대간 종주의 마지막 구간을 걷는다고 생각하면 누구라도 가슴이 벅차오르지 않을 수 없을 것이다.

드디어 대간꾼들을 가득 태운 버스가 움직이기 시작했다. 물론 버스 안의 스카이 TV에서도 축구 중계방송이 이뤄지고 있었다. 우리 팀에 골을 터트릴 수 있는 기회가 오면 어김없이 함성이 울렸고, 우리 팀이 절체절명의 긴박한 순간을 맞이

할 때는 탄식이 절로 나왔다.

그러나 버스에서의 TV 수신상태는 답답하고 짜증스러웠다. 툭하면 수신이 두절되고 끊어지기 일쑤였다. 공교롭게도 결정적인 순간에 끊어지는 확률이 더 높았다. 어쩌다가 수신상태가 좋아졌다 싶으면 터널이 나타나 또 끊기곤 하였다. 원망스럽게도 강원도 가는 길은 오늘따라 유난히 터널이 많은 것 같았다.

우리가 사는 사회, 과연 "첨단기술 사회"라고 부를 수 있는 것일까?" 이동하는 차내에서 저 하찮은 TV 하나 어쩌지 못하는데도 말이다. 문득 그 물음에 회의가 들었다. 생각 같아서는 TV수신이 잘 되는 장소에서 중계방송을 마저 시청하고 갔으면 좋겠다 싶었는데 야속하게도 버스는 대간 길을 향하여 계속해서 질주하고 있었다. 그러는 사이, 우리의 간절한 염원과는 달리 결과는 패하고 말았다.

참으로 안타까운 일이었다. 하지만 이 순간부터 축구는 머릿속에서 완전히 지워버리기로 하였다. 그 이유는 두 말 할 것도 없이 백두대간 마루금 걷기의 마지막 구간에 몰입하여 대간의 의미를 온전히 되새겨보고 벅찬 환희를 마음껏 누려보기 위해서이다.

미시령에서 진부령까지 이어진 마루금은 백두대간의 마지

막 구간이다. 오늘 그 마지막 구간을 통과하기 위하여 우린 안양에서 이곳 미시령까지 온 것이다. 그러나 엄격히 따지면 이 구간은 백두대간의 마지막 구간이 아니고 우리가 걸을 수 있는 남녘구간의 끝일뿐이다.

5mm미만의 비가 내릴 것이라는 기상청의 예보가 무색하게 빗줄기는 강하게 내려지고 있었다. 비가 쏟아지는 새벽녘의 미시령 지킴 터를 바라보니 마음이 더욱 무거워지는 것을 느낄 수 있었다. 옛사람들은 미시령을 경계로 금강과 설악으로 구분했다고 한다.

미시령은 조선시대에도 백두대간의 동서를 연결하는 통로로 이용하였으며 신증동국여지승람에는 미시령을 미시파령(彌時坡領)으로 적고 있다고 한다. 이는 한글로 풀면, "시간이 많이 걸리는 가파른 고개"라는 뜻이라고 한다.

또한, 미시령은 바람이 거세게 불기로 유명한 고개이다. 2006년 5월에 미시령 터널이 개통되면서 지금은 옛 미시령의 정취를 느끼려는 사람들이나 백두대간 산 꾼들이 이용할 뿐 인적이 뜸한 고개가 되어버렸다.

새벽 2시 44분이었다. 산행준비를 마치고 막 대간 길에 접어들려는 순간이다. 이곳, 저곳 틈을 찾아 백두대간의 마루금에 접근코자 하였으나 그 틈은 좀처럼 보이지가 않았다. 그

대신, 굳건한 철조망에 "출입금지"라는 표지판만이 육중하게 버티고 있었을 뿐이었다.

우린 다른 루트를 찾아 겨우 겨우 대간 길에 접근할 수 있었다. 어렵사리 산길에 접어들었다. 말이 산길이지 그 길은 거칠고 험난했다. 그 길은 차마 길이라고 부를 수조차 없는 길 아닌 길이었다. 그 길 위에는 많은 비가 쏟아지고 있었다.

우의를 꺼내 입었으나 너무 더워 금 새 벗어버렸다. 등산복이 완전히 젖어버렸다. 몸도 마음도 완전히 젖어들었다. 빗물에 젖고 멈출 줄 모르고 흐르는 땀에 젖었다.

나는 누구를 닮아 이토록 많은 땀을 흘릴까? 곰곰이 생각해 보았다. 순간, 땀을 뻘뻘 흘리시며 산길을 걸으시던 아버지의 모습이 떠올랐다. 아버지가 확실했다. 나는 아버지를 닮아 땀을 많이 흘리고 있는 것이다. 어딘가에서 작고하신 아버지의 목소리가 들리는 거 같았다. 그분의 목소리는 빗물과 함께 내 가슴 속에 촉촉이 젖어들고 있었다.

우리 민족의 등줄기인 백두대간의 그 넓은 품은 우리를 쉽게 받아들이지 않고 있었다. 처음 시작할 때도 그랬었고 대간 산행이 한참 진행 중일 때도 그랬으며 오늘 마지막 종착점에서도 그랬다. 그러나 어쩔 것이냐? 백두대간, 그 길이 아무리 험난해도 누구도 나를 대신해서 그 길을 걸을 수 없는 것이며, 그 산길에서 느끼는 고통이나 슬픔, 또는 기쁨 역시 그 누구의 것이 아닌 바로 나의 것이니 말이다.

미시령을 출발한지 1시간 20여 분만에 해발 1,239m의 상봉에 올랐다. 상봉은 오늘 오르게 되는 여러 산봉우리 중에서 가장 높은 봉우리이다. 상봉에 오르는 길은 악전고투, 그 자체였다. 우선 칠흑 같은 어둠 속에 무성하게 우거진 숲길을 헤쳐 나가는 일이 쉽지 않았다.

찌는 듯한 무더위와 반갑잖게 내리는 여름비도 마찬가지로 힘들게 하였다.

뿐만 아니었다. 순간, 순간 나타나는 너덜 길은 몹시 미끄러워 자칫 발을 헛딛기라도 한다면 중상정도는 각오해야 했다. 한편으론, 몸은 비록 힘들었지만 이 길이 다시 오기 힘든 아련한 그리움을 지닌 성스러운 백두대간의 마루금이라 생각하니 하늘의 품에 안긴 듯 내 마음은 더 없이 평온해지기도 했다.

상봉의 암릉 지대를 지나 화암재로 내려가는 길은 위험천만한 길이었다. 더구나 아직 어둠이 채 가시기 전의 바윗길은 미끄러웠고 더너욱 위험했다. 갑자기 마루금 곳곳에 설치돼 있는 출입금지 안내판의 문구가 나타났다.

"출입금지구역입니다.

위험지대에 로프가 없습니다.

안전과 자연보호를 위해

되돌아가시기 바랍니다."

설악산 국립공원 사무소에서 대간꾼들이 설치해 놓은 로프를 이미 끊어버리고 안내 경고판을 설치해 놓은 것이다. 참으로 이해할 수 없는 일이었다.

왜 우리가 우리 국토의 등줄기인 성스러운 백두대간 산행을 함에 있어서 언제까지 이렇게 감시와 통제를 받아야 하는지 생각하면 할수록 마음이 불편하였다.

숲을 지키고 보호하겠다는 국립공원관리공단의 취지에는 전적으로 공감하지만 꼭 이렇게 사람과 숲을 분리시켜가며 폐쇄시키는 방법 밖에 없을까?

더구나 백두대간의 마루금을 걷는 사람들은 그 어느 누구보다 산을 사랑하고 숲을 지키고 생태계 보호를 위해 노력하는 사람들일 텐데도 말이다.

숲을 사람으로부터 분리하고 폐쇄하는 소극적인 정책만으로는 숲을 제대로 보존하지도 지키지도 풍성하게하지도 못할 것이다. 오히려 자연을 지키고 생태계를 보호할 수 있는 제대로 된 백두대간의 탐방로를 갖추는 적극적인 정책이야말로 진정 숲을 보존하고 풍성하게 하는 일일 것이다.

탐방로가 잘 정비되어 있다면 그 길을 벗어나 산행을 할 등산인은 없을 것이다. 더구나 우리 민족의 신앙이며 정신이며 삶의 바탕인 대간 길에서는 더욱 그럴 것이기 때문이다. 우리 한번 심사숙고해볼 일이다. '내가 사랑하는 내 나라 내 땅의 산길을 당당하고 떳떳하게 갈 수 있는 날이 언제나 올 것인가?'

로프가 끊겨나간 암릉을 오르내리는 일은 힘들고 위험했다. 참기 힘든 고통과 위험의 공포로 부터 평정심을 찾기 위해 그래서 온전한 산행을 하기 위해 마음을 다독거려주었다. 화암재를 지나면서 어둠은 완전히 가시기 시작했다. 헤드랜턴을 벗었다. 한낱 조그만 물체에 불과했지만 랜턴을 벗고 나니 한결 몸이 가벼워졌다는 것을 느낄 수 있었다.

헬기장을 지나 신선봉으로 향하는 길이었다. 여전히 비는 내리고 있었고 산길은 숲이 무성했었다. 싱그러운 숲길을 지나면서 내가 나에게 물었다.

'너는 지금 어디로 가느냐?

그리고 언제까지 이 길을 걸을 것이냐?'

검푸른 나무들이 부드러운 떨림으로 내 대신 말하려는 것을 내가 가로채 답했다.

'묻지 말거라,

그 물음의 덧없음을 정녕 몰라 묻는 것이더냐?'

그랬었다. 산행이란 한번 가보고 마는 것이 아니었다. 한번 가보고 그만두고 만다면 그것을 산행이라고 할 수는 없는 것이었다. 정신없이 걷다보니 신선봉(1,204m)은 어디에 붙어있는지 조차 모르고 지나쳐 왔다. 이곳은 대간령으로도 불리는 큰 샛령이었다.

샛령이란 지명은 미시령과 진부령 "사이에 있는 고개"라는 뜻이라고 한다. 이곳에서 간단히 요기를 하고 병풍바위로 향했다.

병풍바위에 이르렀다. 꽉 막힌 답답한 숲길만 걷다가 제법 시야가 트인 병풍바위에 오르니 바람도 불어주고 있었으며 운무에 가려져 희미하게나마 크고 작은 여러 산봉우리들이 내 지난날의 아스라한 그리움처럼 펼쳐지고 있는 듯 했다.

어디에서 어디까지인지도 모르게 펼쳐지는 산줄기의 바다, 역시 자연은 위대하였다. 스스로 자(自)와 그럴 연(然)이라는 두 글자가 합쳐서 만들어진 "스스로 그러한 것"이 바로 자연인 것이다. 우린 생활 속에서 늘 자연스러움을 원하고 부자연스러움을 탓한다. 맞는 말이다. 자연은 곧 순리이다. 순리를 따르면 절대 부작용이 없다. 순리를 외면하는 사람들, 그들의 주위는 늘 불안하고 믿음이 가지 않는다.

어느 틈에 해발 1052m의 마산봉 정상이었다. 누구나 이곳에 서면, 계절이 여러 번 바뀌도록 쉬지 않고 걸어 온 백두대간 종주의 마지막이 눈앞에 다가왔음을, 그간 정 붙이며 지내온 위대한 백두대간 분수령과도 헤어질 때가 다가왔음을 깨닫게 된다고 한다. 마산봉 정상에는 아직도 폐기처분된 군용막사와 벙커가 흉물스럽게 남아있었다.

오늘 대간 산행 중에 처음으로 만나게 되는 길라잡이이다. 생각 컨데 조금 전에 지나왔던 대간령부터는 통제구역이 아니라서 옛 길라잡이가 그대로 보존돼 있는 듯싶었다. 물론 통제구역의 길라잡이는 관리사무소 측에서 위험지대에 설치돼 있는 로프와 함께 모두 철거해 버린 것이 아닌가 싶었다.

알프스 스키장의 안내 표지판이 나타났다. 엉성하기 이를 데 없었다. 알프스 스키장 근처에 이르니 구조물이 있었고 그 주위에 철망이 쳐져 있었다. 이 장소를 놓칠세라 대간꾼들은 어김없이 대간 리본들을 걸어놓았다. 그렇게라도 알리고 싶었을까? 그렇게라도 위안을 받고 싶었을까? 비에 젖은 대간의 리본들을 바라보며 이제 오늘로서 대간 종주를 마치면 저 리본들도 보기가 쉽지 않을 것이라는 생각에 눈물이 왈칵 쏟아졌다.

무질서하게 방치돼 있는 알프스 스키장을 통과하여 마을로 내려섰다. 마을에 내려섰다고 해서 백두대간이 끝났다고 생각하면 큰 착각이다. 종착지점인 진부령까지는 아직도 4km를 더 가야만 한다.

마을로 내려서니 콘도 시설물이 흉물처럼 방치돼 있고 쓰레기 더미들이 주위에 무질서하게 널려 있었다, 보기 흉측했다. 이 길이 성스러운 대간길이라고 생각하니 더욱 더 마음이 씁쓸했다.

산길인 듯 들길인 듯 걷고 또 걸었다. 등산복은 물론이고 몸도 마음까지도 이미 젖을 대로 젖어 있었다. 젖은 몸으로 걷고 또 걸으니 살결과 살결이 부딪혀 상처가 생겼는지 사타구니가 몹시 쓰라려 왔다. 보행이 여간 불편한 게 아니었다. 그래도 참아내야 했었다.

어느 지점에 이르자, 아래와 같은 이색적인 표지판이 눈에 띄었다. 아마 민가에서 설치한 것으로 보였다.

"등산로? 우리는 절대 모른다.

묻지 마~! "당신의 방문은 무조건 거절."

얼마나 귀찮았으면 저런 표지판을 설치했을까? 얼마나 많은 대간꾼들이 민가를 방문해서 마루금 가는 길을 물었을까? 그들은 시도 때도 없이 묻고 또 물었을 것이다. 충분히 이해가 갔다. 그것은 분명 사생활 침해였다. 어찌 보면, 이 또한 우리의 아픔이었다. 백두대간 마루금의 표시가 불분명했기 때문에 초래되는 불가피한 현상이었다. 그것은 또 우리 민족의 등줄기가 함부로 방치돼 있다는 증거이기도 했다.

지친 몸을 이끌고 진부령을 향해 뚜벅뚜벅 길을 걸어 나갔다. 아무리 힘들고 피곤해도 나를 기다리고 있는 아름다운 들꽃들을 외면하고 그냥 지나칠 수는 없었다. 들꽃들은 반가운 모습으로 나를 기다리고 있었다. 산행에 지친 내 마음을 위로하기 위해 기다리고 있었다.

마지막 백두대간의 종주를 축하해주기 위해 기다리고 있었다. 고단하고 지친 내 삶을 위로하기 위해 기다리고 있었다.

그러나 길은 아직 끝나지 않았다. 다시 숲이 우거져 있는 마을의 고샅길을 따라 걸어 나갔다. 발걸음이 몹시 무거웠다. 아마도 등산화가 젖어있는 모양이다. 들길, 산길을 따라 한

참을 걷다보니 도로가 나타났고 몇 발자국 도로를 따라 내려오니 대간 종주기념비가 있었다. 대간 종주기념비를 보니 이제 백두대간 마루금은 더 이상 나아갈 수 없는 남한의 종착점이라는 것을 알 수 있었다.

백두대간도 아쉽지만 이제 그 마침표를 찍어야 한다. 민족정기가 살아 숨 쉬는 역사의 현장에서 반쪽이나마 우리는 그 길을 걸어왔다. 대간 종주기념비를 바라보니 만감이 교차하는 듯 했다. 모든 종주자들이 내 맘처럼 다 그랬을 것이다.

대간 종주 기념비를 지나 드디어 해발 520m의 진부령 정상에 이르렀다. 진부령은 원래는 영동과 영서를 오가는 보부상들이 넘나들던 소로였다고 한다. 1981년에 지방도에서 국도로 승격하였으며 1987~1989년 도로확장공사로 오늘에 이르고 있다. 진부령은 강원도 고개답지 않게 백두대간을 넘는 고개 가운데 제법 낮은 편이고 그다지 험하지 않은 게 특징이다.

가자~ 백두산으로~!

숲길 표싯대에 매달려 있는 수많은 백두대간의 리본들을 보았다. 가슴이 뭉클해 왔다. 종착점을 목전에 두고 감격에 겨워 매달았을 것이다. 이제 더는 진행할 수 없는 안타까움에 매달았을 것이다. 분명히 마루금은 분단의 상처인 철조망에 가로막혀 있었다.

하루빨리 남북이 하나가 되어 백두대간 마루금을 두발로 직접 밟아서 북으로, 북으로 거슬러 올라 정점인 백두산으로 가게 될 날을 손꼽아 기다려 본다.

백두대간 진부령, 백두대간 남쪽구간의 마루금은 정녕 이곳에서 멈춰 섰다. 물론 군부대의 허가를 받아서 갈 수 있는 남녘 백두대간의 최북단 향로봉이 있지만 그나마 요즘은 여의치가 않다고 한다. 그래도 마음은 내내 향로봉에 있었다. 향로봉은 분명 또 다른 설렘으로 마음에 와 닿는다. 마음만이라도 향로봉으로 향하게 되는 것은 백두대간 마루금을 끝까지 잇고야 말겠다는 열망이요, 어서 빨리 남북의 통일을 바라는 진정한 소망일 것이다.

실로 우연한 기회에 대간에 관심을 두고 "한번 해볼까?" 하고 시도했던 것이 말이 씨가 되어 오늘 종주에 이르게 된 것이다. 작년 2월에 대간의 첫 산행을 시작했으니까 정확히 말해 1년 4개월이 소요된 것이다. 지리산 천왕봉에서 진부령까지, 지친 육신을 이끌고 수백의 봉우리들을 넘고 또 넘어왔다.

때로는 천둥 번개가 치는 폭우 속을 뚫고 때로는 폭설을 맞으며 살인적 강추위에도 아랑곳하지 않고 산길을 뚜벅뚜벅 걸어왔다. 우리가 걸어 온 길에는 위험천만한 암릉지대도 많았고 우리의 출입을 가로막는 통제구역도 많았다. 육십령에서 할미봉 구간도 위험했고, 늘재에서는 출입을 막는 철조망을 낮은 포복으로 통과하여 험란한 밤티재를 지나 문장대에 이르기도 하였다. 대야산의 직벽 내림 구간도, 은티재에서 희양산에 오르는 3단계 오름길도, 그리고 새재의 제3관문에서 신선암봉과 조령산에 이르는 길도 험난했다.

또한, 지난달에 통과했던 점봉산에서 한계령에 이르는 구간도 그리 순조로운 길은 아니었다. 그러나 대간의 마루금이라고 해서 험난하고 어려운 길만의 연속은 분명 아니었을 것이다.

이른 새벽녘에 산길을 걸을 때는 별들의 속삭임도 들을 수 있었고 만삭이 된 둥근 달과도 다정한 친구가 될 수 있었다.

어디 그뿐이랴. 세상을 밝히려 황홀 찬란하게 떠오르는 일출도, 아름답게 적멸(寂滅)하는 저녁놀의 여리고 순한 잔영도 보았고, 이름 모를 잡초들의 향연도, 영롱히 빛나는 상고대의 찬란함도 맛볼 수 있었다.

오늘 함께 종주를 마친 안양산죽회 회원 여러분들께 그동안 그 먼 산길 걸어오느라 수고 많았다는 말을 전하며 아울러 남북이 하나로 되는 그날이 오면 잇지 못했던 나머지 반쪽을 단숨에 달려서 기어이 백두산에 이르고야 말겠다는 포부를 미리 밝혀둔다.

2010. 6월

겨울바다

초롱초롱한 눈망울
떨리는 듯한 가는 목소리
흐느끼는 영혼까지도 좋아했던 사람이 있었다.

아, 자학(自虐)에 멍든 영상의 추억이여
토하고 토해내도 고여 오는 갈증.
너울거리는 나이테를 헤아리며
고요에 잠든 새벽길을 따라 바다로 나섰다.

오랜 아픔에 아물지 않은 빨간 자국은
바다의 속삭임을 삼켜버렸고
눈물 없는 슬픔으로 오열하는 메아리는
황홀한 바람마저 멈추게 하였다.

떠나야 할 때를 알고
떠났던 사람의 뒷모습은 얼마나 아름다웠던가?
이제는 마음속에서 지워야 할 사람인지 모른다.

젖은 모래 위에 그의 이름 세 자를 그려봤다.
매서운 해풍이 지친 육신을 할퀴면서
성난 파도에 그의 이름은 이내 빨려가고 만다.

04

소소한 단상(斷想)

코스모스

생생히 저려오는 그리움을
견디다 못해
소금바다로 뛰어들고 말았던
소녀의 영혼.

아무도 관심 두지 않았던
외롭고 척박한 땅위에
한 송이 꽃으로 불쑥 튀어나왔다.

이유 없는 슬픔이
가슴을 짓눌러 오는 가을의 길목에서
가는 허리로 아픈 사랑을 받혀주고
작은 잎사귀로
저녁노을의 울음을 달래주던 꽃

향기도 털도 없는 것이
그저 청순한 미소 하나로
이 계절의 연인들을 향하여
사랑은 왜 하느냐는 듯이
쓸쓸히 웃음 짓던 그리움이란 이름의 꽃

낮은 산등성이로부터
간지럽게 불어오는 실바람에도

연분홍색 소녀의 그리움은
그렇게 흔들거리고 있었다.

흡연의 악몽

이른 아침에 잠에서 깨어나 보니 어디서 어디까지랄 것도 없이 온몸이 땀으로 흥건하게 젖어 있었다. 머리가 조금 무겁다는 것만 빼고는 신체의 어느 특정부위가 뚜렷하게 이상조짐을 보인 것도 아닌데 밤새 신열이 있었다니 참으로 이상한 일이었다. 조심스럽게 어젯밤에 있었던 사건들을 차근차근 추적해 보기로 하였다.

"오죽 하겠어. 30여 년이라는 장구한 세월동안
한결같이 몸에 지닌 채 즐겨왔던 열렬한 사랑을
어느 한순간에 냉정하게 물리치려하니 말일세."

"내 생각은 이러네. 그가 없이는 그토록 죽고 못 사는 애정을 어느 순간, 갑자기 뚝 끊어버리려 하지 말고, 만나고 싶은 욕구가 강렬할 때는 언제든 다시 만나되, 다만, 만나는 횟수를 점차적으로 줄여나가는 방법을 택한다면 별 문제가 없을 것으로 보이네만."

아직도 금연이라는 말만 나오면 알레르기 반응을 보이는 그 친구의 말에 내가 쉽게 동의했는지의 여부는 분명하지 않지만 그날 밤 내가 마주한 탁자 위의 재떨이에는 분명 담배꽁초가 수북이 쌓여 있었다. 이렇게 해서 20여 일간의 각고의 노력이 또 수포로 돌아가고 만단 말인가?

10cm의 크기도 채 안 되는 흰 담배, 없으면 불안하고 내 주머니에서 떠나 본 적이 없는 맹목의 요물, 그것과 마주했었던 긴긴 세월 동안 이미 습성화돼버린 신체적 욕구가 중독의 사슬이 되어 사지가 뒤틀리고, 입안이 말라 말문이 막히고, 안절부절 일손이 안 잡히는 등 흡연욕구로 인한 갖은 후유증이 생각보다 심각하게 나를 괴롭혀 왔었지만 그 요사스런 욕망의 덩어리를 마음으로부터 비워내는 부단한 훈련을 통해 이를 극복해 냈으며 나의 금연의지를 조롱하는 주변의 시선들과도 굳건한 정신력으로 당당히 맞서 싸워 이겨왔는데. 이

어찌된 일인가? 실로 안타까운 일이 벌어지고 말았다.

그랬었다. 내 자신이 그토록 내세웠던 그 알량한 자존심도 담배 앞에서는 별수 없이 꺾이고 마는 나는 정말이지 한심한 사람이었다. 담배가 그립고 그것을 느끼고 싶은 욕구가 강렬하게 분출될 때는 담배로 인하여 그 찬란한 생들을 짧게 마감해야 했던 여러분들의 안타까운 모습만 떠올리기로 했는데 왜 그 생각이 떠오르지 않았단 말인가?

참으로 이상한 일이었고 도대체 이해가 안가는 일이었다.

아무리 어젯밤에 그 친구로부터 회유의 발언이 있었다고 해도 담배연기를 마셨던 기억은 내 뇌리 속에 전혀 남아있지 않은데 재떨이엔 그 많은 담배꽁초가 수북이 쌓여있다니 말이다. 그렇다. 어젯밤은 분명 그렇게 이해할 수 없는 사건에 대한 자괴감에 안절부절 하지 못하다가 꿈을 깨고 만 것이었다. 그것은 악몽이었다. 악몽에서 깨어난 다음날 새벽의 쓸쓸함으로 내 몸과 마음이 온통 젖어있는데 빗소리는 점점 가슴속으로 파고들고 있었다. 그러나 이 얼마나 다행한 일인가? 이 모든 것이 꿈이었다니. 다소 막연했었던 금연에 대한 기대가 이제는 자신감으로 이어지고 그래서 이렇게 여유롭게 설악산으로 떠날 수 있었다.

미시령의 후미진 골짜기에서는 아직도 하얀 눈이 높이 쌓여있었지만 봄기운이 완연한 저 길을 뉘라서 차마 손짓으로 막을 수 있겠는가? 무작정 맑아주기만을 기대하면서 떠나는 모처럼 만의 설악산으로 가는 길이었지만 봄비는 도대체 그쳐주지를 않는다. 때로는 실타래처럼 얽혀 영원히 풀릴 것 같지 않은 삶의 여러 난제들 앞에서 담배 한 모금 깊숙이 빨아, 내리는 저 봄비 속으로 길게 날려버리고 싶은 충동을 느끼지만 이제 나는 저 하찮은 담배연기마저도 어쩌지 못한다. 어쩌다가 애연가와 술자리를 함께 하는 날이면 나는 담배 대신 술을 그만큼 더 많이 마셔야 한다.

2002년 1월로 기억된다. 당시 sbs 라디오의 "손숙, 배기완의 아름다운 세상"이라는 프로의 전화인터뷰에 참여한 적이 있었다. 물론 주제는 내가 쓴 담배에 관한 글이다. 이 프로에서 나는 금연에 성공했다는 글의 내용과는 달리 이미 금연에 실패하고 다시 담배를 입에 물고 있었던 차에 인터뷰에 응했었다는 것을 뒤늦게나마 고백한다. 당시 심정으로는 인터뷰를 거부하거나 있는 사실을 그대로 밝혀버릴까도 싶었지만 그렇게 되면 방송이 싱거워져버리기 때문에 그 또한 방송사에 대한 예의가 아닐 것 같기도 해서 금연에 실패했다는 사실을 덮어두고 진행에 응했었다.

그 많던 편지는 다 어디로

"편지요, 편지!!"

비가 오나 눈이 오나, 불룩한 편지 가방을 어깨에 메고 마을 어귀에 들어서는 우체부 아저씨는 늘 가슴 설레게 하는 귀하신 손님이었다. 아무리 가진 것이 없다고 해도 아무리 춥고 배가 고파와도 그리고 세상이 점점 황폐화되어 가도 사랑과 진실이 담긴 편지는 한줄기 기쁨의 단비가 되고 희망의 햇살이 되기에 충분했던 것이다.

더구나 사랑하는 사람에게 은근하면서도 뜨거운 감정을 전달하는 데는 편지만한 매개체가 달리 없었다. 그토록 우리와 애환을 함께 했던 편지가 사라져가고 있다. 언제부턴가 혜

성처럼 등장한 전자우편과 휴대폰의 위력에 밀려나 설자리를 잃어가고 있는 것이다.

소식이나 용무를 전하기 위해 빠르면서도 편리한 전자우편이나 휴대폰을 마다하고 굳이 편지에 의존해야 할 이유가 없게 되었기 때문이다. 그러나 아무리 신속하고 편리한 전자우편이나 휴대폰이라 하더라도 하얀 바탕, 검정 선이 그어진 종이 위에 연필로 콕콕 눌러 정성 담아 써 내려간 편지로 사랑을 전하던 낭만에 비할 수는 없을 것이다.

"그대는 연민과 사랑의 사신이며 멀리 떨어져 있는 친구들의 종입니다. 그대는 외로운 사람의 위로자, 흩어져 있는 가족들의 마음을 하나로 묶어주고 함께 나누는 삶을 보다 풍부하게 해줍니다. 그대는 무역과 산업의 역군, 세상 모든 사람들, 민족들의 평화와 선의를 상호증진 시켜주는 참된 사도입니다."

문득 워싱턴시의 우체국 정문에 새겨져 있다는 편지의 의미에 관한 이 글은 전자우편이나 휴대폰을 염두에 두고 새겨진 글이 아니라 필시 우리 곁에서 사라져 가는 예쁜 우표가 붙여진 빨간 자전거의 우체부 아저씨로부터 전해 받는 그런 편지를 의미할 것이다.

얼마 전 "마음하는 아우야!"라는 법정스님의 친필 편지를 엮은 책이 나왔다. 스님이 저술한 책들은 거의 빼놓지 않고 읽어온 터라 당연히 편지로 구성된 그 책을 읽었다. 1955년부터 1970년까지 15년 동안 스님의 사촌 동생에게 보낸 편지였다. 200자 원고지나 편지지에 만년필로 또박또박 써내려간 편지, 오랜 세월이 흐르면서 비록 그 편지지는 색이 바랬을지몰라도 오히려 그 글씨는 스님의 생생한 목소리처럼 빛이 나고 있었으니 이런 값지고 귀한 종이편지를 어찌 감히 전자우편이나 휴대폰 문자와 비교할 수 있겠는가?

나 역시 손으로 편지를 써서 보낸 때가 기억이 나지 않을 정도로 오래된 것 같다. 내가 처음 편지를 쓸 때, 그 요령은 아마도 어머니께서 전수해주신 것 같다. 그때는 편지의 제목과 서두에 등장하는 문장의 형식이 거의 정형화되지 않았나 생각된다.

제목은 언제나 "ㅇㅇㅇ 전 상서(前 上書)"였으며, 첫 문장은 "기체후 일향만강(氣體侯 一向萬康)"으로 시작된다.

즉, 웃어른께 몸과 마음이 한결같이 편안한지 안부를 묻는 내용인 것이다.

그 뒤 급격한 시대의 변화에 따라 편지의 형식도 어떤 특정한 형식에 구애됨이 없이 편안하게 써져 오다가 인터넷과 휴대폰이 급속도로 보급되면서 급기야는 종이편지가 사라질 운명에 직면하게 된 것이다.

아무리 편리함만을 추구하는 시대라고는 하지만 이메일이나 문자에 담긴 글들은 한번 슬쩍 보고 지워버리는 일과성 글들이 대부분이며 어차피 기계로 쓰여진 글이다 보니 더 이상 사람들의 심금을 울리지 못한다. 마음을 담아 꼭꼭 눌러 쓴 종이편지만이 쓴 사람의 체취는 물론이고 인간적인 온기까지 느낄 수 있는 것이며 무엇보다 쉽게 지워지지 않는 그래서 오랜 시간 잔잔한 감흥이 전해져 오는 매력을 지니고 있는 것이다.

사랑하는 것은
사랑을 받느니보다 행복하나니라
오늘도 나는 에메랄드빛 하늘이 환히 내다뵈는
우체국 창문 앞에 와서 너에게 편지를 쓴다.

- 유치환의 "행복"중에서

깊어가는 이 가을에 우체국 창문 앞이 아니라 낙엽 지는 창가에 앉아서라도 문득 누군가에게 부드럽고 정감 있는 손 편지를 쓰고 싶다. 누에고치에서 실을 뽑듯 정성스레 글을 뽑아내어 편지로 만들고 싶다. 딱히 받아줄 사람도 없지만 편지를 쓰고 싶다는 것은 누군가를 가슴에 묻어두고 있다는 것이 아닐까?

잊혀진 계절

때는 바야흐로 황홀한 단풍이 절정에 이르는 계절이다. 설악산 대청봉에서 채화되어 남으로, 남으로 뜨겁게 흘러 온 단풍의 불기둥은 머지않아 내장산을 한바탕 휘저은 뒤, 한라산 어느 기슭에서 소멸하고 말 것이다. 그렇게 흘러 온 불기둥이 소멸되기 전에 그 찬란한 단풍들을 온 몸으로 맞이하고 싶었다. 기름기 잘잘 흐르는 빨간 단풍을 쳐다보며 삶에 부대낀 영혼을 위로받고 싶었다.

고결한 정신이 서린 단풍을 보며 세속의 때를 다 씻어내고 싶었지만 그리하여 가을이 내게 전해주는 분위기에 마음껏 취해보고도 싶었지만 세속의 삶은 냉혹했었다. 오늘은 공무원 면접시험 감독관에 차출되어 사람이 사람을 비교 평가해야 하는 날이다. 사람이 사람을 평가한다는 것은 어려운 일이다. 어차피 주관적일 수밖에 없다.

물론 최대한 객관성을 갖추기 위하여 장장 서너 시간에 걸쳐 사전 교육을 받긴 하지만 그렇다고 그것으로 객관성을 완벽하게 보장할 수는 없는 것이다. 감독관은 세 명이 한 팀으로 구성된다. 물론 분야별로 역할 분담도 이뤄진다. 면접시험은 세 명의 감독관이 한 명의 수험생을 상대로 분야별로 하나하나 질문을 던지면 수험생은 그 질문에 대하여 답을 하는 형식을 취하고 있다.

요즘 수험생들은 면접시험의 관문을 통과하기 위하여 사전에 감독관의 예상 질문에 대하여 완벽하게 공부를 해온다는 것이었다. 시중에는 면접시험용 책자도 다양한 형태로 발간되어 판매된다고 한다. 사실 예상 질문은 거의 정형화되어 있으며, 설령 그때그때 새로운 내용으로 문항을 바꿔 만든다고 해도 수험생들이 웬만큼만 주의를 기울이면 다 해결할 수 있는 문제들인 것이다.

한마디로 면접시험의 질문 몇 마디로는 수험생들의 우열을 가리기 힘들 뿐만 아니라 설령 우열이 가려진다고 해도 그것으로 최종적인 합격과 불합격의 기준으로 삼는다는 것은 분명 문제가 있어 보였다.

면접시험의 질문에 대해 청산유수처럼 답변하는 달변가라고 해서 공직자로서의 자질이나 능력이 탁월하다고는 볼 수 없는 것이며 또 약간 어눌하게 답변했다고 해서 반드시 능력이나 자질이 뒤떨어질 것이라는 판단도 바른 판단이라고는 볼 수 없는 것이다. 그렇다고 사람의 외모로 평가한다는 것도 시원한 해결법은 아니다.

어쨌든 우린 11명의 수험생 중에서 반드시 한 명을 강제로 탈락시켜야 하는 악역을 맡았다. 어렵게, 어렵게 공부를 해서 100 ~ 250 : 1의 높은 경쟁률을 뚫고 필기시험에 합격했는데 어렵게 필기시험에 합격하고 면접에서 탈락된다고 생각하면 당사자로서는 너무 억울하고 안타까운 일일 것이며, 그러기 때문에 면접관 역시 더더욱 신중을 기해야 하는 것이다.

20여분에 불과한 짧은 시간 안에 공직에 적정한 인재인지를 판단해야 하는 일은 정말 어려운 일이다. 그러나 꼭 해야만 하는 일이었다. 우리와 다른 어떤 팀은 운이 좋게도 결시생이 생기는 바람에 우리처럼 면접시험 점수가 가장 작게나온 한명을 선택해서 물리적으로 탈락시키는 역을 맡지 않아도 되게끔 되어 있었다.

결과적으로 우린 면접시험 결과를 토대로 면접관 세명 전원의 합의하에 한 명의 수험생을 강제로 탈락시키고 말았다. 마음이 편치 않았다. 탈락한 수험생이 내 아이 같기도 해서 몹시 가슴이 아팠다. 다음부터는 어떠한 이유를 대서라도 면접시험 감독관은 하지 않아야겠다는 생각을 해보며 시험장 밖으로 나왔다. 마침 밖에는 추적추적 가을비가 내리고 있었다. 생각 같아서는 빗속을 뚫고 어디론가 달리고 싶었다.

휴대폰이 울렸다. 그러고 보니 오늘은 10월 31일 술 모임이 있는 날이었다. 택시를 잡아타고 모임장소로 나갔다. 몇 잔의 술을 내리 마셨다. 옆자리에 앉은 친구가 왜 그렇게 술을 급히 마시냐고 물었지만 들은 체도 안 하고 마시고 또 마셨다. 술에 취하고 싶었기 때문이다.

1차 술자리가 끝나고 이제 그만 헤어지자는 친구들도 있었지만 내가 아등바등 우겨서 노래방으로 갔다. 평소에는 2차는 물론이고 노래방은 더더욱 가지 않는 나였기에 모두들 의아해하면서도 노래방으로 향했다. 아, 오늘은 마음 한 구석이 텅 빈 것처럼 허전하고 가슴이 아팠던 날, 초저녁부터 소슬히 가을비가 내렸다. 내리는 비는 반가울지 모르지만 내 마음은 왠지 모를 쓸쓸함이 고여 들었다. 그렇다. 10월의 마지막 날, 오늘은 잊혀진 날이 되자. 잊혀진 계절이 되도록 하자. 지금 애잔하게 울려 퍼지는 저 노래처럼.

자선과 생색의 사이

세상에는 기대해도 이뤄지지 않고 기다려도 오지 않는 것들이 너무나 많다. 하긴 기대하는 것들이 모두 이뤄지고 기다리는 것들이 모두 온다면 이 세상을 누가 힘든 세상이라고 하겠는가?

지난겨울은 여느 해보다 추웠고 유난히 눈이 많이 내렸던 겨울이었다. 그러기에 가난한 사람들에게는 더욱 혹독한 시련을 안겨 주었던 겨울이었을 것이다.

그 해 겨울의 어느 날, 나는 출근길에 지하도를 걷고 있었다. 매일 아침 지나는 지하도였지만 그곳에서 걸인들을 만나는 일은 조금도 이상한 일이 아니었다. 유난히 추웠던 겨울,

유난히 배고픈 사람이 많았던 겨울이었기 때문이다. 그 날, 나는 걸인치고는 조금 특이한 사람을 만날 수 있었다. 얼굴이며 복장이 걸인답지 않게 비교적 정갈한 할머니 한 분을 만났기 때문이다.

평소에 나는 걸인들에게 무엇인가를 나눠 줘 본 적이 별로 없었다. 그것은 아마도 내성적인 성격에 기인해서 선뜻 용기가 나지 않았기 때문일 수도 있겠지만 한편으론, 그들의 처지가 몇몇 착한 개인들의 자선만으로는 결코 개선 될 수 없는 구조적인 문제라는 인식도 한몫 했을 것이다.

아무튼 나는 걸인을 만나면 주로 외면하는 편이었다. 그러나 그 날 아침 처음 본 그 할머니만큼은 그냥 지나칠 수가 없었다. 문득 지방에 계신 어머니 생각과 너무도 정갈해 보이는 할머니의 모습에 끌려 할머니 곁으로 조심스럽게 다가가게 되었다.

그러면서 나는 주머니 속을 뒤적거렸다. 얼마를 드려야 할까? 저렇게 정갈해 보이는 할머니가 어쩌다 저렇게 되셨을까? 어디 모시고 가서 따뜻한 국밥 한 그릇이라도 사드리면 얼마나 좋을까? 짧은 순간이었지만 내 머리 속에는 온갖 생각들이 교차했다.

"할머니 추우시죠?"

이렇게 물으며 손이라도 다정스레 잡아드리고 싶었지만 붙임성 없는 성격 탓에 정작 행동으로 옮기는 용기는 보여주지 못했다.

그 대신 나는 만 원권 지폐 한 장을 내밀며 생색을 내려 들었다. 그러자, 할머니의 표정이 일순 바뀌시는 것이었다.

"이봐 젊은이?
그렇게 큰돈을 함부로 쓰면 어떻게 해? "

"아니에요 할머니?
많지 않으니까 그냥 받으세요."

나는 할머니의 완곡한 거절을 애써 무시하고 할머니의 손에 돈을 쥐어 드리고 종종걸음으로 출근했었다. 오랜만에 시도했던 나의 적선은 곱고도 의연하신 할머니의 맑은 영혼 앞에서 비굴한 생색으로 끝나고 말았다.

그 날 이후, 할머니를 다시 뵐 수 없었다.

추운 겨울, 조그만 보따리 하나를 들고 할머니는 또 어느 거리, 어느 지하도 속을 떠돌고 계실까? 아니면, 기대했던 일이 이루어졌거나 기다렸던 것이 와줘서 그 일을 접었을까?

아무튼 나는 그 일이 있은 이후 할머니의 행방과 관계없이 나 자신의 경솔한 행동에 대해 자책하지 않을 수 없었다. 걸인에게 돈을 주는 것은 분명 자선일 수 있다. 그러나 그 자선 행위를 생각하고 있거나 자랑삼아 얘기한다면 그것은 자선이 아니고 생색내기일 뿐이다. 나 역시 의도하고는 상관없이 생색을 내고 있었던 것이다.

수년 전에 내가 직접 경험했던 일이 하나 있다. 어느 단체에서 불우학생들에게 장학금을 전달한다고 해서 학생들을 모으게 하고 전달식을 한 적이 있었다.

그런데 그 날 행사장에 참여한 학생들은 하나같이 표정이 밝지가 않았다. 그 이유를 발견하기까지에는 그리 많은 시간을 필요로 하지 않았다. 그것은 장학금을 받는 고마움보다는 굴욕감이 앞섰기 때문이었다.

자비가 생색으로 전락된다면 은혜를 입은 사람은 은혜로 생각하지 않을 뿐 아니라 오히려 상처를 입을 수도 있다. 그러므로 자선은 본인조차도 그것이 자선인지도 모르게 행하여야 할 것이다.

죽음만큼 완전한 이별도 없다

사람의 한 생애에서 가장 중요한 것은 두말할 것도 없이 태어남과 죽음이다.

생의 시초와 생의 마지막 순간보다 더 중요한 것은 없는 것이다. 그런데도 우리는 자신의 출생을 기억할 수 없고 자신의 죽음을 말할 수 없다. 안타까운 일이지만 그걸 가지고 조물주를 탓할 수도 없는 것이다.

그러므로 비록 중요한 순간이지만 우리 자신마저 어쩌지 못하는 태어날 때와 죽는 순간만을 제외하고라도 살 때는 삶에 전력을 기울여 빠근하게 살아야 하고 일단 삶이 다하면 미련 없이 선뜻 버리고 떠나야 한다.

어느 날 문득 낡은 앨범을 넘기다가 사라져간 인간들의 얼굴을 기억한다. 그러나 그것은 내가 직접 내 눈을 통하여 혹은 주변의 지인들의 입을 통해 이승을 떠난 것이 확실시 되는 인간들일 뿐 아마 앨범에 있는 사람들 중에서도 많은 사람들이 나도 모르는 사이에 이 세상을 하직했을 것이다.

내가 살아오는 동안 만났던 수많은 사람들, 그 중 이 세상을 떠나 사라져간 사람들은 얼마나 될까? 그리고 지금 생존하는 사람들은 얼마나 될까? 나는 죽어 간 사람들의 숫자를 헤아릴 수 없듯이 살아있는 사람들의 숫자도 당연히 헤아릴 수 없다.

나는 그동안 실로 많은 사람들을 만나왔다. 그 중에는 내 인생의 밤하늘에서 인연의 빛을 밝혀 나를 반짝이게 해준 사람들도 무수히 많다. 나는 가능하다면 그 분들의 생일을 죄다 기억하고 싶다. 생일에 일일이 참석하여 축하해주지는 못할망정 최소한 마음속 깊이 축하라도 하여주고 싶다. 그 이유는 자명하다.

그분들이 이 세상에 태어났었기에 생일이 있는 것이고 그 생일이 있었기에 내 인생의 밤하늘이 밝게 빛나고 있는 것이다. 만약 그분들의 생일이 없었다면 그분들은 이 세상에 태어나지 않았을 테고 그분들이 이 세상에 없었다면 나는 전혀 다른 삶을 살아갈 것이며 지금처럼 빛을 발할 수도 없었을 것이기 때문이다.

우리의 인생이란 수많은 이별연습을 통해 이별이 헤어짐도 사라짐도 아닌 또 다른 만남의 시작이라는 걸 알게 된다. 그러나 죽음을 통한 이별은 다르다. 그 이별은 새로운 만남을 위한 이별도 의지가 반영된 이별도 아니다. 즉, 죽음만큼 완전한 이별도 없는 것이다. 죽음이 아픈 것은 다시 사랑하는 사람을 보지 못하기 때문이다.

죽는 일은 정녕 슬픈 일이 아닐 수 없다. 세상사에 힘들고 지치고 한 줄기 희망도 없다고 생각한 사람들이 "죽어버리겠다." 고 말하지만 그들의 얼굴엔 천국으로 떠난다는 기쁨 보다는 어딘지 모르게 슬픔이 스며있음을 알 수 있다.

우리는 너나없이 언젠가는 이 세상에서 사라져야 한다. 기왕 사라져야 할 운명이라면 한 줄기 바람에 흩날리는 벚꽃처럼 아름답게 사라질 수 있었으면 좋겠다.

한 줄기 바람이 불어왔다. 때 맞춰 하얀 눈이 내렸다.
꽃비가 내린 것이다. 벚꽃이 흩날리는 것이다.
그것은 피어날 때도 아름다웠고 흩날릴 때도 아름다웠다.
날개도 없는 꽃들이 지금 막 그리움의 물살이 되어 허공을 선회하고 있는 것이다.

아, 사람도 저 벚꽃처럼 아름답게 피어났다가 저토록 아름답게 질수는 없는 것일까?

지금 내 기억의 갈피에는 가물가물 흐릿한 모습으로나마 남은 얼굴이 하나 있다. 십수 년 전에 제주도가 집인 어느 친구와 유럽연수를 함께 다녀 온 적이 있었다. 물론 그 친구와 나는 연수기간 내내 룸메이트였다. 그 친구와 인연을 맺은 후, 매년 우리 집에는 제주도에서 감귤이 보내져 왔다.

나는 그 친구에게 별로 해 준 것이 없었는데도 매년 잊지 않고 선물을 보내오니 한편으로는 고맙고 한편으로는 부담도 갔다. 그런데 어느 순간부터 감귤이 뚝 끊겨졌다. 감귤이 끊기고 나서부터는 안부전화를 하고 싶어도 감귤 때문에 전화를 한 것 같기도 해서 피일차일 미루어 왔다. 물론 그 친구로부터도 감귤이 끊겨진 것처럼 전화도 끊겨졌다. 그러다보니 우리 사이가 서서히 멀어져 갔다.

그로부터 몇 해가 지나고 나는 용기를 내어 그 집으로 전화를 하게 되었다. 전화를 걸어 "ㅇㅇㅇ 님 댁이 맞느냐?"고 물었더니 전화를 받은 여자 분은 "맞다."고 하였다. 다행히도 전화번호는 아직 바뀌지 않았던 것이다.

"지금 통화할 수 있느냐?"고 묻자, 그 여자는 한참 동안 말을 잇지 못하고 있다가 "그 분은 몇 년 전에 돌아가셨다."고 하는 것이었다.

분위기로 보아 전화를 받은 분은 그 친구의 아내인 모양이었다. 할 말이 없었다. 어떻게 위로의 뜻을 전할 방법이 없었다. "죄송하다."는 말과 함께 맥없이 수화기를 내려놓은 나는 한 참을 골몰하게 생각해 보았다. 모르긴 몰라도 감귤이 끊겼던 해에 그 친구도 아마 이 세상을 하직했을 것이다.

사람은 참으로 쓸쓸한 존재인 것 같다. 힘없는 벚꽃들이 바람에 몸을 내맡긴 채 쓸쓸히 흩날리고 있듯이 나도 언젠가는 그 대열에 서게 될 것이다.

국가고시에 도전하던 날

오늘은 워드프로세서 실기시험이 있는 날이다. 시험시간에 맞춰 시험장으로 막 들어서려는 순간이었다. 20대 후반쯤으로 보이는 여성 감독관이 나를 향해서(아마 나를 나와 동시에 입장하는 어린 학생의 보호자쯤으로 착각한 듯.)

" 보호자는 입장할 수가 없습니다. 시험시간이 끝날 때까지 밖에서 기다려 주시기 바랍니다."

" 아닌데요, 저는 보호자가 아니라 수험생인데요."

내 말을 듣고서야 비로소 그 감독관은 미안한 생각이 들었던지

"아, 네 그러세요? 죄송합니다. 지정된 좌석에 착석해 주시지요." 라고 하는 것이었다.

그랬었다. 우리 교실에 있는 40여 명의 수험생들을 곁눈질하여 살펴보니 초. 중등학생이 대부분이었고 성인이라고는 극소수에 불과했었는데 그 성인들 중에도 내 나이 또래의 수험생들은 단 한 명도 눈에 띄지 않았으니 그 시험 감독관의 착각은 당연했을 것 같다는 생각이 들었다.

" 제기랄."

" 오십 줄의 나이에 워드시험은 봐서 뭘 하겠다고."

혼자말로 중얼거리며 내 좌석을 찾아 착석 하였다. 곧이어 시험개시를 알리는 타종소리와 함께 시험이 개시되었다.

"후드득 후드득"

후덥지근한 여름날에 한줄기 소낙비 떨어지는 소리는 듣기만 하여도 시원스럽다.

"따따 따다닥 따닥 따따"

그러나 이 소리는 양철지붕 위로 시원하게 떨어지는 소낙비 소리와는 분명 거리가 있는 소리이다. 바로 그 소리는 시험개시 신호와 함께 일제히 터져 나온 자판 두들기는 소리였다.

대부분의 수험생들이 겁 없는 10대인지라 어찌나 자판을 마구 두들겨대는지 나잇살이나 먹은 나로서는 그렇지 않아도 긴장하고 있던 터에 설상가상으로 그 소리에 또 놀라 이미 주눅이 들대로 들어버렸다.

당연히 눈 따로, 손 따로, 마음 따로 상태가 돼버린지라 평소 입력연습에서는 입력을 마치고 5분 정도의 여유시간이 있었으나 이날은 오히려 시간이 부족하여 아쉽게도 그래픽은 만져보지도 못하고 시험시간이 종료되고 말았다.

참으로 딱한 순간이었다. 이제 마지막 희망의 불씨를 살리기 위해서는 수정시간으로 주어진 10분에 모든 걸 걸어야했다. 다행히 수정시간은 요란한 자판음도 들리지 않았고 팽팽했던 긴장감도 많이 수그러들었던지라 어느 정도는 평소의 페이스를 유지할 수 있었다.

페이스를 찾은 나는 여유 있게 치환, 한자입력, 전각기호, 머리말, 각주, 쪽 번호 등 모든 수정사항을 순서대로 빠짐없이 차분하게 수정해 나갈 수 있었으며 1차 입력시간에서 미처 그리지 못한 그래픽까지 거뜬히 완성하여 수정까지 끝낼 수 있었다.

이렇게 해서 어렵사리 시험은 모두 끝났다. 모든 시험은 시험을 마치고 난 후의 표정관리가 중요하다. 아무리 자신감이 충만하게 시험을 치렀다고 해도 최종합격자 발표가 있기까지는 절대 엄살을 피워야 하는 것이다.

합격자발표 예정일의 하루 전날, 상공회의소 홈페이지를 열어보았다. 다행인지, 당연인지 워드프로세서 1급 합격자명단에 내 이름자가 또렷이 보였다. 오늘도 수능시험 준비에 여념이 없는 내 아이에게 어떤 어려운 여건을 무릅쓰고라도 "노력하면 반드시 이뤄진다" 는 교훈을 심어주기 위해 즉석에서 합격자명단을 인쇄해뒀음은 두말할 필요도 없다.

희끗희끗. 이제 내 자신도 싫어져버린 반백 년, 이것을 과연 50줄의 기상이라고 말해야 할지, 아니면 만용이라고 해야 할지 이렇게 어쭙잖게 시험후기를 써본다는 것이 참으로 우습기만 하지만 그래도 내 마음은 조그만 일을 해냈다는 뿌듯함으로 가득하다.

봄날의 독백

'나른하다.' 라는 단어가
조금도 어색하지 않다는 것을 알고서야
문득 봄의 문턱에 다다랐음을 느꼈다.

봄은 우리에게 절망의 동토가 녹아
흐르는 물소리와 함께 새 삶을 준비케 하고
잃어버린 젊음을 다시 만나게 한다.

권태로운 일상,
숨이 콱콱 막히는 도시의 혼탁한 공기와
하찮은 생을 유지하기 위해 벌이다 생긴 상실감.

이렇듯 상실감에서 오는
처연함을 떨쳐버리는 데는
산에 오르는 일이 그만이었다.

어제도 올랐었고, 오늘도 오르고 있고
내일도 다시 오르게 될 산이지만
산은 오를 때마다 그 느낌이 확연히 다르다.

정상 가까이에 위치한
넓적한 마당바위에 올라 이 세상에서
가장 편안한 자세를 취하고 가능한 한
먼 곳을 주시해본다.

저 멀리 지평선쯤에
조그만 야산을 끼고
옹기종기 평화로운 마을이 보이고
마을 어귀에 있는 아담한 저수지가
한눈에 들어온다.

순간 내겐,
노스탤지어를 달래는
축복의 순간들이 교차하고 있었다.

고향 땅,
내 생명을 잉태해 주었고
찬란한 햇살을 머금으며 오늘의 나로
쑥쑥 자라게 해주었고

아름다운 정서를 통해
문학적 자양분을 갖게 해주었으며
그리고 또 앞으로 내가 묻혀야 할 땅.

바쁘다는 일상 탓으로
늘 아쉬움만을 남긴 채,
그리움을 접어 두어야 했던 고향 땅,
그곳은 결코 잊을 수 없는 존재가 아닌
잊어서는 안 될 존재였다.

산다는 것이 이렇게 힘이 들 때면
정겨운 풀냄새, 흙냄새가 더욱 그리워지는 것도
다 이런 이유에서일 것이다.

이제 지겹도록 지나지 않고
오랫동안 내 곁에 머물었던 겨울도
계절의 편력으로 약동하는 생명의 봄을 맞고 있다.

'산에 오셨어요?'

아는 분의 인기척에
자지러질 듯이 깨어 정신을 차리고서야
비로소 오십 줄의 철없이 앉아 있는
나를 발견하게 된다.

가장 간절한 사랑의 언어

보고 있어도 보고 싶은
보고 있어도 보고 싶은 그대여

처음 본 그 때부터 그대의
포로가 되었어요
그대의 눈빛에 나는 그만 눈 감았죠

우리가 처음만난 그 순간
사랑의 예감으로 떨렸죠
그리고 운명처럼 사랑은 다가왔어요..

사랑은 누구라도 한다고

그렇게 쉽게쉽게 말들하죠.

그러나 우리사랑 틀려요 특별하니까..

지금은 TV와는 일체 담을 쌓고 살지만 한때는 그것이 삶의 일부로 자리 잡고 있을 때가 있었다. 퍽이나 오래된 얘기지만 '첫사랑'이란 드라마가 있었다. "보고 있어도 보고 싶은 그대", 이 노래는 비록 드라마의 주제곡은 아니었지만 너무 노랫말이 좋고, 곡 또한 노랫말에 버금갈 만큼 좋았었는데 전문가수의 노래가 아니어서 그랬는지 그 노래는 관심 있는 사람들의 입을 통해 몇 차례 불려 지고는 이내 사라져 버렸다.

이 노랫말과 내용면에서 매우 흡사한 시가 또 있다.

물속에는

물만 있는 것이 아니다.

하늘에는

하늘만 있는 것이 아니다.

그리고 내 안에는

나만이 있는 것이 아니다.

내 안에 있는 이여
내 안에서 나를 흔드는 이여
물처럼 하늘처럼 내 깊은 곳 흘러서
은밀한 내 꿈과 만나는 이여

그대가 곁에 있어도
나는 그대가 그립다.

류시화 시인의 '그대가 곁에 있어도 나는 그대가 그립다.'라는 시이다.

보고 있어도 보고 싶은
곁에 있어도 그리운
보고 있어도 보고 싶은데
곁에 있어도 그리운데

보지 않을 때는
곁에 있지 않을 때는
얼마나 보고 싶고 얼마나 그리울까?
노랫말 속의 그 사람은

분명 보고 있어도 보고 싶은 존재였고
시(詩)속의 그 사람은
분명 곁에 있어도 그리운 존재였다.

오늘 문득 그 사람이 보고 싶어진다.
오늘 문득 그 사람이 그리워진다.
오늘 문득 그 노래가 부르고 싶어진다.
오늘 문득 그 시가 읊고 싶어진다.

그 노래를...
그 시를......
그 사람에게 아낌없이 바치고 싶다.

환 청(幻聽)

한바탕 신명나게 뿌려졌던 빗줄기도 멈춰지고
목덜미 따가운 햇볕이 창가에 소리 없이 스며들고
있습니다.

그동안 제 짝을 찾지 못하고
비가 그쳐주기만을 애태우며 기다려 왔던
매미들의 합창소리도 다시 시작되었습니다.

어느 해 겨울이었습니다.
순백의 하얀 눈으로 회색도시가 온통
하얗게 뒤덮여 버렸던 날,

때아닌 매미소리의 환청에 시달린 적이
있었습니다.

'이 겨울에 웬 매미소리가.......'

가슴 벅차게 피어올랐던
장밋빛 꿈들이 어느새 사라지고
세상살이가 단, 한줄기 빛도 향기도
없다고 느껴질 때 사람들은 환청(幻聽)이라는
병에 시달린다고 합니다.

아주 젊을 적,
그리움으로 허기진 뱃속에서 증폭되어 울려 퍼지는
매미의 울음소리가 지축을 흔들었던 어느 여름날에
지독하게도 견디기 힘든 아픔이 있었습니다.

술의 힘을 빌려 마음속에 간직하고 있는
절절한 언어들을 하나하나 꺼내 보이고야 말겠노라고
마음 먹었지만 술을 제법 많이 마시고도 여전히 부끄러워
아무 말도 내뱉지 못했었습니다.

사람이 살아가면서
누군가를 사랑하다가 떠나보낼 때
사랑했던 만큼만 아픔이 온다면
그때쯤은 이미 아파하지 않아도 될 터인데
수차례의 해가 바뀌고 계절이 바뀌었는데도
아직 아픔은 남았었나 봅니다.

땅속 어두운 곳에서
5년여를 유충(幼蟲)으로 참고 견뎌온 매미
불과 몇 개월의 사랑과 삶을 위하여
서럽게, 서럽게 울어대다가
이 여름이 끝나면 모진 목숨을 마감해야 하는
매미의 일생이 오늘따라 새삼 처연하기만
하는 것도 매미소리의 환청에 시달렸던 그때의
기억이 되살아났기 때문입니다.

여름날의 열정

여름날의 하늘은
혼돈과 정돈이 공존하고 있습니다.
갑작스레 소낙비가 내리는가 하면
언제 그랬냐는 듯이
목덜미 따가운 햇살이 비춰오기도 합니다.

이번 여름은
유난히 무더운 여름이었습니다.
이렇게 내린 비에도
아직 많은 사람들의 가슴은
황량하기만 합니다.

이제 한바탕 여름비가 지나가고 나면
어느 틈엔가 멀리 있던 하늘은
내게 가까이 다가와 있음을 느끼게 되며,
뙤약볕이 내리쬐는 여름날의 뜨거운 열정은
특별한 의미로 다가와
나를 설레게 하기도 합니다.

그러나 확실히
여름날의 낮 시간은 길기만 합니다.
늦은 시간까지
쉽게 어둠이 내리지 않기 때문입니다.

이렇게 긴 시간 덕에,
삭막하고 건조한 내 가슴이
적시지 않은 채로
거칠고 황량한 아스팔트를 적시기엔
아무래도 무리입니다.

어쩌다가 작열했던 태양이 지고 나면,
회색도시 속의 밤은

"열대야" 라는 이름으로
활활 달아오르고 맙니다.

열대야, 그렇습니다.
초롱초롱 빛나는
저 하늘의 별마저 익혀버릴 것 같은
여름밤은 정말이지 아득하기만 합니다.

새벽녘이 다 돼서야
모락산 자락을 밟고 오는 청량한 바람이
두터운 아파트의 문턱을 넘어서지만,

토하고 토해내도
다시 또 고여 오는 갈증을
풀어주기엔 역부족입니다.

다음날 아침입니다. 열대야에 시달려
무겁게 내려앉은 눈꺼풀 위로
한 마리의 고추잠자리가 살며시 앉습니다.

아, 지겹도록 무더웠던 밤이 지나고
내려앉은 고추잠자리.
잠자리를 닮은 아름다운 시(詩)라도
잉태해 낼 수 있다면 그나마
큰 수확이라 하지 않을 수 없을 것입니다.

우리를 씁쓸하게 하는 것들

"싸각싸각"

낙엽을 밟는 감미로운 발의 감촉을 느끼면서 사람들은 무릇 가을이 깊어가고 있음을 눈치채게 된다. 계절은 분명 늦가을이었다. 한줄기 바람이 불어왔다. 바람은 길거리에만 부는 것이 아니라 내 공허한 마음속에서도 불고 있다. 길거리에 부는 싸늘한 바람은 피하면 되지만 내 마음속에 부는 시린 바람은 피하려고 해도 피할 길이 없다.

부는 바람은 그렇다 쳐도 정작 나를 씁쓸하게 하는 것들은 그 바람에 있지 않고 우리 주변에서 이해 못 할 행동을 하는 사람들에게 있었다. 출근길 지하철을 탔다. 콩나물시루처럼 사람들로 가득한 지하철 안에서 두 발을 앞으로 쭉 뻗고 앉아있는 사람들을 보면 우리는 마음이 씁쓸해진다. 참으로 무감각한 사람들이다. 서 있는 사람들은 발 디딜 틈을 못 찾아 애를 태우는데 앉아있는 것으로도 부족해서 발을 뻗고 있다니 참 몹쓸 사람들이다.

언제부터인가 지하철에서 나이 든 분들이 경쟁적으로 신문을 수거하고 있다. 지하철 선반에 신문만 보이면 아무리 사람이 많은 만원열차에도 아랑곳없이 사람을 밀거나 때로는 툭 치면서 막무가내로 신문을 수거하는 것이다. 나이 드신 노인들께서 사는 게 오죽 힘들면 그러겠느냐고 이해하고 넘어가면 그뿐이지만 역시 씁쓸하긴 마찬가지다.

기왕 어르신들 말씀이 나와서 얘기지만 출근길에는 가급적 나들이를 삼가셨으면 좋겠다. 한 시간만 늦게 나오셔도 러시아워를 피할 수 있을 터인데 출근시간에 이동하시는 분들이 의외로 많아 전철 안은 혼잡상황을 더욱 가중시키고 있는 것이다. 물론 집에서 일찍 나오셔야 할 만한 사정이 있어서 그러는 분들도 계시겠지만 아무튼 출근길 전철 안이 너무 복잡해서 어르신들은 어르신들대로 출근하는 사람들은 또 그들대로 불편이 따르니 그 풍경을 보노라면 어찌 씁쓸하지 않겠는가? 아울러 이처럼 신문수거 어르신들이나 출근시간에 집을 나서야 하는 어르신들을 위한 속 시원한 해결방안이 없다는 데에도 우리는 또 씁쓸해지지 않을 수 없다.

"에스컬레이터는 러닝머신이 아닙니다." 개통된 지 얼마 안 된 9호선 어느 역 에스컬레이터 탑승지점 바로 앞에 있는 입간판이다. 이 에스컬레이터는 그 길이가 상당히 길다. 그런데 많은 사람들이 이 에스컬레이터를 통과할 때에는 발이 보이지 않을 정도로 뛴다. 물론 출근길 시민들의 급한 마음을 이해 못하는 바는 아니다. 문제는 언제나 그 시간대에 많은 사람들이 똑같이 뛰어 내려간다는 것이다.

일이 그쯤 되고 보니 에스컬레이터인들 무사할리 있겠는가? 가끔 몸살이 나서 치료하느라 가동이 중단되는 경우가 많다. 에스컬레이터가 가동되지 않으면 당장 전철을 이용하는 우리가 불편하다. 자신의 출근에 소요되는 시간은 몇 차례 전철을 이용하게 되면 금방 알 터인데 왜 그걸 가늠하여 미리 대비하지 못하고 매일매일 에스컬레이터의 계단을 뛰면서 출근해야 하는가? 매일 이 모습을 봐야 한다는 게 정말 씁쓸한 일이다.

출근길 지하철은 침묵과 사색의 공간이다. 열차 안에서 이어폰으로 클래식 음악을 감상한다거나 책을 읽는 다거나 눈을 지그시 감고 사색의 시간을 갖는다는 것은 출근길 만원열

차의 무료함에서 어느 정도 벗어날 수 있어서 좋다. 하지만 누군가의 휴대폰으로부터 울려 퍼지는 벨소리로 분위기는 일순 변하고 만다. 휴대폰을 진동상태로 해놓으면 얼마나 좋을까? 진동이 약해서 미처 전화를 받지 못했다면 부재중 전화를 확인해서 나중에라도 전화를 해주면 되는 것이 아닌가? 이 또한 우리를 씁쓸하게 하는 일이다.

지하철의 바람직스럽지 못한 백태는 이것으로 끝나지 않는다. 어떤 사람은 지하철 안에서 주변사람은 전혀 배려함이 없이 자기감정에 취한 나머지 소리소리 지르며 통화하는 사람도 있다. 어디 그뿐인가? 다른 사람이 보든 말든 지하철 전동차 안에서 음식물을 먹거나 밑 화장을 하고 속눈썹까지 붙이는 여성들도 있다. 이것들 역시 우리를 여간 씁쓸하게 하지 않는다.

이제 산으로 가보도록 하자, 모처럼 닫혀진 마음의 창문을 열고 자연의 소리에 귀 기울이겠다는 소박한 마음으로 산을 찾는다.

건강이 최대 화두로 등장하면서 근래 들어 등산인구가 급격히 늘어나는 양상을 보이고 있다. 좋은 일이다. 속세에서의 찌든 몸과 마음을 자연을 통해서 치유할 수 있다는 게 얼마나 다행스런 일인가,

그런데 문제는 산행예절에 있다. 산에서 아직도 "야호" 소리를 낸다거나 큰소리로 통화를 한다거나 이어폰도 사용하지 않고 라디오나 음악을 듣는 사람들이 많다.

속세의 어지러운 소리들을 내 의지와는 상관없이 산에서 다시 들어야 할 때 여지없이 우리의 마음은 씁쓸해지고 만다. 어디 그뿐인가? 산에서의 과도한 음주도 그렇고, 심지어는 산에서 흡연하는 사람들도 있다고 하니 이 어찌 씁쓸해지지 않을 수 있겠는가?

오래전 일이다. 어릴 적 친구를 수십 년 만에 만났다. 반가운 마음에 저녁을 함께 하게 되었다. 그런데 가던 날이 장날이라고 그날 따라 그 식당엔 손님들이 굉장히 많았다. 주문을 한 지 30여 분이 지나서야 주문한 음식이 나왔다. 손님들이 많아서 그러려니 하고 그냥 넘어가도 될 일인데 그 친구는 애꿎은 여종업원을 향하여 반말은 보통이고 입에 담지 못할 말들을 마구 쏟아내기 시작했다. 함께 있는 내가 민망할 정도로 심한 소리를 해댔다.

갑자기 어이없는 꼴을 당한 그 여종업원이 안쓰럽다는 생각이 들었다. 나중에 알고 보니 그 여자 분은 고등학교 3학년 학생의 학부모였었다. 당장 내년 아들의 대학입학에 대비, 등록금이 걱정이 되어 식당일을 하는 모양이었다. 그 일이 있고 며칠 뒤 나는 그 식당을 찾아갔다. 아주머니께 그 친구를 대신해서 정중히 사과라도 하고 싶었던 것이다. 그런데 그 아주머니는 보이지 않았다. 그때 그 사건으로 인해서 충격을 받고 그 일을 그만 둔 것이 아닌가 하는 생각이 들어 마음이 몹시 아팠다. 물론 그 친구에 대한 씁쓸한 생각을 오래도록 지울 수가 없었다.

하지만, 우리주변엔 늘 씁쓸한 일만 있는 것은 아니다. 흐뭇한 풍경도 얼마든지 볼 수 있다. 언젠가 퇴근길 전철 안에서 있었던 일이다. 러시아워가 지나서인지 운 좋게도 나는 빈자리가 있어 앉아가게 되었다. 퇴근길이어서 피곤이 엄습할 시간인데 잘 됐다고 생각했다.

내 옆자리에는 30대 후반이나 40대 초반쯤으로 보이는 젊은 여성분이 앉아 있었다. 그렇게 전철을 타고 10분여쯤 갔을까 갑자기 옆에 있는 그 여성이 목례를 하고 휴대폰으로 통화를 하는 것이었다. 당연히 그 목례의 의미는 지금 누군가로부터 전화가 와서 불가피하게 받게 되니 이점 양해를 구한다는 메시지였다.

물론 휴대폰의 벨소리도 울리지 않았었다. 당연히 진동으로 해놓았기 때문이다. '참 예의 바른 분이다.' 라고 생각하며 전화를 받는 모습을 쳐다보았다. 그랬더니 개미소리보다 작은 아주 낮은 목소리로 "지금 전철 안이니까 내가 이따 내려서 전화할게!"라고 하는 것이었다. 이 예의 바른 한 분을 만나므로 인해서 나의 퇴근시간은 기분이 좋아지고 피로가 확 풀리는 듯싶었다. 아니 그 여운은 며칠간 또는 몇 개월간 지속될지 모른다. 이처럼 당연한 일 같지만 결코 아무에게서나 볼 수 없는 예절 바른 행동을 보여주는 사람들을 만나면 나는 즐겁다. 사는 게 신명이 날 정도로 마음이 흐뭇해진다.

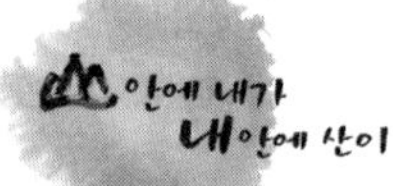

인쇄 2011년 12월 03일
발행 2011년 12월 08일

지은이 | 임판섭
펴낸이 | 임수홍
편집디자인 | 맹신형
발행처 | 도서출판 국보
등록 | 제 324-2006-0023호
주소 | 서울시 강동구 길동 395-3 2층
전화 | 02-476-2757 / 476-7260
전송 | 02-476-2759
이메일 | kbmh11@hanmail.net

값 15,000원
ISBN 978-89-93533-26-2 03800